EL DESPERTAR DE TU CONSCIENCIA

Un intransferible trabajo personal que solo a TI te corresponde ELEGIR

Lenin José Torres

EL DESPERTAR DE TU CONSCIENCIA

Lenin José Torres

Correcciones:
Joscellym Diaz
joscellym@gmail.com
Diseño de cubierta e interiores:
Joscellym Diaz
Fotos del autor: Norge Boscán

ISBN: 978-197-316-1561
Depósito Legal:
Tercera Edición. Noviembre, 2017
©de la presente edición:
El autor
Email: ltorresvenezuela@gmail.com
          ltorresvenezuela@hotmail.com

Prólogo al Despertar de la Consciencia

Me preguntaba si necesitaba leer toda la obra de Lenin José Torres para escribir esta presentación y pasearme por las líneas de la introducción y el capítulo I, me permitieron reflexionar que mi elección personal, autentica y sostenida de despertar mi propia consciencia eran parte de este regalo que este hombre, investigador, facilitador, terapeuta, amigo nos trae en su libro *El Despertar de tu Consciencia.* Un intransferible trabajo personal que solo a ti te corresponde elegir.

En esta obra este autor nos estimula a descubrir en nosotros mismos la infinita capacidad de amarnos que tenemos, y a partir de nosotros mismos descubrir las oportunidades de cambio y mejoras que tenemos en beneficio propio, que va permeando a todo nuestro entorno. Los seres humanos crecemos con creencias, normas, paradigmas y un sistema de valores que nos condicionan a actuar de una manera, vemos el mundo desde una perspectiva, la que aprendemos y llegamos a vivir toda nuestra existencia bajo esa óptica.

Aun cuando en situaciones experimentamos la sensación de malestar, llegamos a frustrarnos, criticarnos, a generar el conflicto, a experimentar angustia y hasta enfermar nuestro cuerpo, no somos capaces de generar un cambio, el miedo nos domina, o quizás la rabia, la culpa o el resentimiento, cualquiera de estos nos limita.

Pudiéramos estar perdiendo la oportunidad de hacer uso de pensamientos potenciadores y tener un disfrute pleno de nuestra vida, con tan solo hacer la elección personal de transformar nuestra actitud, de evolucionar en nuestros pensamientos, deslastrarnos de lo que traemos como una verdad absoluta y hacer el salto cuántico hacia una nueva forma de percibir el mundo.

Tomar consciencia, entrar en consciencia y hacer consciencia es trascendental para despertarnos y tomar la decisión de buscar las oportunidades de mejora, pero en nosotros mismos, puesto que todo inicia en nosotros mismos y finaliza en nosotros mismos. Cuando tomas la responsabilidad de ti mismo, entras en el respeto hacia ti mismo, tomas el control de tus emociones y de tu comportamiento.

Llegar a este estado de consciencia es lo que este libro maravilloso nos trae, despertarnos en este momento, entender que el poder de nuestros pensamientos determina nuestra manera de asumir el devenir de la vida, genera una manera de experimentar las emociones, de actuar y de decidir nuestro destino.

Cuando se describe el tema del respeto entendemos la importancia de la autovaloración o valoración de sí mismo y desde allí comienza nuestro trabajo personal, en reconocernos a nosotros mismos como seres humanos únicos, especiales y dueños de nuestra existencia.

Nuestro conocimiento interior y el amor que tengamos por cada uno de nuestros aspectos internos y externos nos permitirán auto examinarnos de manera permanente y actuar ante las oportunidades de mejora.

Otro elemento de importancia que debemos atender y en las próximas líneas de la obra lo estudiarán, es la capacidad de elegir. ¿Como nos presenta este investigador este tema?

De la mano con otras teorías, en la experiencia adquirida y desde mi propia vivencia entender que la elección, en todo momento, está en las propias manos, es necesario para poder transformarnos y evolucionar.

La elección siempre comienza en ti mismo, elegimos nuestras acciones, elegimos nuestro destino, elegimos sufrir o ser felices. Llegar a entender y concienciar que está en nuestras propias manos el cambio, que somos dueños absolutos de nuestra historia es el inicio del camino para una vida de oportunidades, de tolerancia, de flexibilidad, de trascendencia en quienes nos rodean.

Esto es *El Despertar de tu Consciencia* y por eso el trabajo es intransferible, es personal. Esta perspectiva del ser humano la he aprendido de la mano con Lenin Torres, de quien pienso dejo de sus fibras humanas, de su sensibilidad y su sabiduría en esta obra que con mucho orgullo presenta a la humanidad.

Es de valientes tomar la decisión de encontrarse con sí mismo, de asumir el control; pero también la responsabilidad, el cambio como he aprendido puede llegar a ser doloroso, pero cuando es necesario hay que transitarlo. La transformación debe ir acompañada del conocimiento, que nos amplía la perspectiva y nos brinda la diversidad.

Este es el momento, es una oportunidad. Disfruta este conocimiento y conviértelo en tu estilo de vida, como bien lo cita el autor Gandhi "tus creencias se convierten en tus pensamientos, tus pensamientos se convierten en tus palabras, tus palabras se convierten en tus actos, tus actos se convierten en tus hábitos".

Descubre el poder del pensamiento, elige si vivir desde la limitación, o desde la apertura. Todo está dentro de ti, descubre, la intimidad de estar contigo mismo, es un reto.

Yadira Paz de Pineda

INTRODUCCION

Este hermoso libro, titulado *El Despertar de Tu Consciencia*, un intransferible trabajo personal, está elaborado para ofrecerte herramientas que podrán orientarte para que seas el autor, y actor de tu propia existencia en la vida, ofreciéndote en cada línea mis aportes y mis experiencias en el área de la psicoterapia, los cuales he obtenido en cada uno de los seminarios, talleres, conferencias que he dictado, así como el conocimiento que me han aportado cada uno de mis pacientes en mis consultas, e incluso con la evaluación constante en mi proceso de sanación y transformación de vida.

Vivir a plenitud y con apertura los procesos de vida me han permitido comprobar, todo lo hermoso que nos ocurre cuando nos damos el permiso de ponernos en contacto con nuestro yo, el cual nos ofrece una voz interior que nos comunica cualquier respuesta de cualquier situación u oportunidad de mejora, que la vida misma nos plantea.

Por ello, debemos tener presente, que si queremos transformar nuestras vidas considera importante a partir de este momento: el estar despierto conscientemente, nos hará ser seres humanos, capaces de ser comprensivos con nosotros mismos, en relación hacia el amor propio y el de los demás, puesto que ella jamás nos descalificaría ni nos insultaría.

Esta conciencia nos permite ubicarnos en el aquí y en el ahora, en nuestro estado presente, puesto que su terreno es la acción y no la auto reclamación, la ocupación y no la preocupación, la aceptación y aprobación, y no la discriminación, al igual que la responsabilidad y no la culpa.

Comparto a través de esta obra, esta nueva forma de pensamiento contigo, pues desde el momento que elegí *El Despertar de Tu Consciencia*, como un trabajo personal intransferible, he decidido mantenerla siempre presente como elemento clave de mi espiritualidad, trasformación y evolución.

La vida me dio el privilegio de aprender que podemos recibir luz propia, asi como obtener la sabiduría necesaria para modificar la interpretación que tenemos de este mundo y así recuperar nuestra libertad de pensamiento, y nos permita aclarar en nuestra mente situaciones relevantes vividas en nuestras vidas.

Es por ello mi estimado lector, que las palabras que te presento en esta obra literaria son palabras y pensamientos que salen desde lo más profundo de mi corazón, soy un ser humano, hombre, hijo, padre, esposo, amigo, y también profesional, que he experimentado cambios importantes en mi vida.

Estos cambios, me han generado como resultado vivir una vida plena, llena de satisfacciones y gratitud, que día a día la comparto con mi gente, pilar fundamental para mi desarrollo y aprendizaje integral. No necesitamos abandonar los lugares donde vivimos ni las personas que amamos para adentrarnos en nuestra búsqueda interior y mucho menos aventurar caminos desconocidos.

Por ello, me siento complacido en ofrecer a ustedes a través de estas líneas mis experiencias y que ellas puedan ser de provecho y beneficio para ustedes.

No pretendo ser o parecer un experto, o un sanador, solo me considero un instrumento de Dios y la divinidad, me ofrezco como medio de apoyo a las personas en sus procesos de cambio, en la búsqueda de ese *Despertar de Tu Consciencia*.

Ofrezco acompañarte respetuosamente en la elección responsable del destino que elijas dar a tu propia vida, en el descubrimiento de tu sabiduría y espiritualidad interior, porque la vida es un viaje de autodescubrimiento, que al estar consciente nos permite desaprender lo aprendido, recuperar nuestro poder, actuando amorosamente como lo hacíamos desde niños pequeños, atendiendo instintivamente nuestros deseos y gustos, dirigiéndonos apaciblemente a través del instinto natural y puro hacia la felicidad.

Por ello, deseo tengas un excelente recorrido y aprendizaje en este camino de crecimiento y desarrollo personal que comienzas a transitar porque lo mereces.

Recuerda, somos merecedores de buscar las cosas de la vida que despierten y generen gratitud, aunque al principio nos parezcan insignificantes.

Merecemos avanzar con alegría y confianza en la vida, sabiendo que toda experiencia es una práctica para ayudarnos a crecer y descubrir nuestros talentos al comprobar que cada día a día debe haber menos distancia entre lo que pensamos, decimos y hacemos.

Lenin José Torres

Dedicatoria

A mis padres, quienes me dieron la vida y hoy honro ese 50% que cada uno me aporta.
A mi esposa, por su apoyo incondicional.
A mis hijos, por ser fuente de crecimiento e inspiración.
A cada lector, que me inspira a seguir creciendo y escribiendo.
A la vida, por permitirme vivir aquí y ahora.

En agradecimiento a mi gran maestra Louise L. Hay

Agradecimiento

*Agradezco a cada persona en mi vida,
han sido espejos en mi proceso de sanación.*

Índice

Capítulo I
Mi Conciencia

La felicidad no puede depender de los acontecimientos.
Es tu reacción ante los acontecimientos lo que te hace
sufrir.

Despertar de mi consciencia.

Nuestro cuerpo reducido a su estado esencial es considerado como un haz individual de energía e información en medio de nuestro Universo. La palabra conciencia implica mucho más que energía e información que viven en forma de pensamiento. Por tanto, somos haces de pensamiento en medio de un Universo pensante, y el pensamiento tiene el poder de transformar.

La consciencia además, es la noción que tenemos de las sensaciones, pensamientos y sentimientos que se experimentan en un momento determinado de nuestras vidas.

Por ello, la conciencia es la encargada de ponderar y dar fe de las cosas que vivimos, es capaz de ver esa otra "media verdad" y de comprender aquellas cuestiones que nos mantienen en una constante lucha interior sobre lo que predisponemos para el cambio de conducta y espiritualidad, para así disfrutar de la paz y la felicidad anhelada.

La conciencia es la comprensión del ambiente que nos rodea y del mundo interno propio y de los demás. Es por ello, que este término es considerado como la facultad que poseen algunos seres vivos para darse cuenta de algo, tal capacidad no es unidimensional sino multidimensional, pues se encuentra presente tanto en ti como en mí, y ésta a la vez nos permite darnos cuenta de algo.

Ese algo se denomina experiencia consciente o auto-reflexiva, y es la responsable de la construcción de nuestro universo simbólico, intencional y ético de nuestras vidas y entornos, por ello, es hora de hallar el auténtico sentido a nuestra vida mediante el trabajo interior y la comunicación directa con nuestra conciencia que desafortunadamente muchos seres humanos la tienen adormecida.

En consecuencia, es necesario comprender y asimilar que estamos dormidos, una consciencia dormida nos conduce a una vida cargada de sufrimiento, y éste como tal es un estado de inconsciencia, el cual nos permite sentirnos desgraciados, pocos aceptados y amados.

Es decir, no somos conscientes de lo que estamos haciendo, de lo que estamos pensando y de lo que estamos sintiendo en cada momento de nuestras vidas sin importar el lugar, espacio, o con quienes nos encontremos. De igual forma, nuestros estados de inconsciencia o conciencia dormida ubican nuestras acciones en una dirección opuesta con nuestros pensamientos y sentimientos, lo que nos hace sentirnos que estamos cada vez más separados de nuestra realidad. Perdemos nuestra integración y la conexión con nuestro ser, perdemos unidad; perdemos por completo el centro, somos una simple periferia... Eso es el sufrimiento.

Asimismo, el sufrimiento es pues una emoción negativa, y está igualmente ligada al sentimiento de apego que nos genera un miedo atroz al vacío que pueda quedar en su ausencia. Eso nos angustia y genera ansiedad, lo que nos hace sufrir. Esto hace que nuestra conciencia limite su campo de visión y actuación quedando condicionada por esa escasa visión de la realidad que excluye tantos otros aspectos necesarios para formarnos una visión amplia, clara y completa de la realidad que vivimos.

Entonces, ¿será importante despertar nuestra consciencia? Mi respuesta sería si, pues en primer lugar nos permite liberarnos del sufrimiento, en segundo lugar, es la base, y el paso más importante que se debe hacer si se está dispuesto a realizar algún cambio en nuestras vidas: es darnos cuenta, ver que eso o aquello que está pasando: admitirlo, aceptarlo, dejar de engañarnos y dejar de ser deshonestos con nosotros mismos. Es amarnos, aceptarnos y aprobarnos. En tercer lugar, al despertar nuestra consciencia pasamos del pensar al sentir, y del sentir al ser desde el punto de vista positivo.

Por ello, tener consciencia de lo que hay es imprescindible para poder pasar a la acción, y aprovechar las oportunidades de mejora, sobre todo en procesos de dependencia emocional, si tenemos una autoestima muy baja, si nuestra pareja ha resultado no ser como deseábamos, no nos gusta o no somos felices a su lado, si nos acompañan sentimientos de soledad o hay pérdida del entusiasmo, en fin, cualquier situación emocional que necesite mejorar. Es por lo que, para que esto pueda ser posible, necesitamos imprimirle un "shock" a nuestra esencia que viene a ser lo más digno que tenemos dentro de sí, para que despierte, ese shock es mediante las prácticas cotidianas de una buena escucha activa, desaprender cosas aprendidas, escuchar nuestra intuición, descubrir nuestra esencia y transición personal.

Es decir, cuando tenemos la consciencia despierta, esta nos permite vivir una vida llena de amor, gratitud, libre, armoniosa y bella. Igualmente nos permite reconocer la riqueza que hay en cada uno de nosotros, de nuestras totalidades y posibilidades infinitas, porque con él viene la libertad para crear. Por ello pregúntate, ¿vives

en una vida de desapegos?, ¿llena de oportunidades?...
¿Qué es la oportunidad? Tal como lo diría *Deepak Chopra, es lo que está contenido en cada problema de la vida.*

Cada problema que se nos presenta en la vida es la semilla de una oportunidad para algún gran beneficio. Una vez que tengamos esta percepción, nos abriremos a toda una gama de posibilidades, lo cual mantendrá vivo el misterio, el asombro, la emoción y la aventura de ser nosotros mismos.

Además, al poder darnos la posibilidad de ver los problemas de nuestras vidas como oportunidades, las soluciones aparecerán espontáneamente. En esa circunstancia, como seres humanos conscientes podemos conseguir cualquier cosa que necesitemos, porque ésta nos ofrece una confianza incuestionable en el poder de nuestro verdadero Yo. Muy diferente cuando se tiene la consciencia dormida, que nos brinda temor, sufrimiento e inseguridad, provocada por un total desconocimiento de tu verdadero interior. Recordemos, si queremos vencer nuestros miedos, nuestros sueños tienen que ser mayores que estos.

De allí, que ese despertar requiere mucha tolerancia por parte nuestra, ya que es un proceso que requiere dedicación y, además, recordar siempre que toda transformación y sanación puede ser alegre, pacífica, llena de luz y estados milagrosos, que luego formarán parte de tu cotidianidad. Todo dependerá con el lente que tú elijas ver y ten presente que, al despertar tu consciencia te permitirás darte cuenta quién eres realmente y todo el potencial que tienes dentro de ti.

Entonces, ¿hay diferencias entre la conciencia despierta y la dormida? Absolutamente. La primera gran diferencia, es que una persona despierta es autoconsciente, es decir, percibe todos sus procesos internos. Esto significa que ella permanece en auto-observación continuamente; es decir, sin identificarse con sus propios pensamientos así como sentimientos o con las situaciones, objetos y hechos externos. Además, una persona de consciencia despierta consigue recordar sin esfuerzo todas sus existencias anteriores, así como conocer también su propio destino, y todavía mucho más.

A una persona de consciencia adormecida, ¿qué le pasa? no consigue o tiene dificultad en permanecer en auto-observación. Por lo tanto, cuanto más adormecida esté la humanidad en general, más veremos actos de violencia, barbarismos y guerra.

Razones para despertar nuestra conciencia

La información que se ha abierto dentro de la astrofísica, astronomía y física cuántica, desde hace algunos años, nos ha hecho descubrir y comprobar cosas sorprendentes, por ejemplo; cómo funciona, se mueve y reacciona el Universo ante una infinidad de formas, ondas, vibración y acontecimientos, cómo reacciona cualquier elemento ante estos mismos estímulos en nuestro planeta. Y lo más maravilloso, cómo reacciona o responde el ser humano a la proporcionalidad de los elementos que nos rodean, como estímulos, elementos, energía, vibración, formas y ondas.

Por ello, si comprendiéramos todos estos sucesos y nos involucráramos seriamente en ellos, no queda otra alternativa, que despertar, ¿Por qué despertar?, ¿despertar a qué? Despertar de la aparente realidad en la cual nos movemos y buscar algo más, buscar ver lo que ha estado siempre ahí, dentro de cada uno de nosotros, y darnos el permiso de salir de nuestra zona de confort.

Además, es inaceptable no darnos la oportunidad de destinar un pequeño tiempo, tan necesario para silenciarnos y así dejar que llegue esa inmensa verdad de quienes somos realmente. Por ello debemos despertar, por eso y otras cosas más que deberán llegar a ti; sabrás que el tiempo se acaba ante la posibilidad de ser inconscientes a despertar del sueño ilusorio en que nos movemos y gastamos nuestras vidas.

Es por lo que cuando conoces a alguien que te parece cuerdo, inteligente y veraz, de pronto te das cuenta como comienza a cambiar, entonces deberías preguntarte ¿por qué está cambiando? o ¿por qué está actuando así?

Así, los hombres más sabios de nuestra historia para llegar a grandes respuestas lo hicieron preguntándose. Jamás se dejaron arrastrar por la masa, los gobiernos, o cualquier entidad que silenciara su intuición. Por eso, buscar una distinta alternativa, siempre nos dará una nueva posibilidad. Como decía *Albert Einstein*, no debes esperar un resultado distinto si haces la misma cosa. Es mi deseo que muchos vayamos tomando una mayor conciencia de dónde está parada la humanidad, incluyéndonos, en este momento, a dónde vamos y a dónde nos gustaría llegar.

¿A qué nos llama este despertar de consciencia?

Sea cual sea nuestro real o supuesto grado de conciencia, nosotros estamos llamados a respetar la libertad de cada uno de los seres humanos en cuanto a su punto de vista, su forma de ver, su forma de proceder. No podemos forzar a nadie a ver las cosas como las vemos, debemos comprender que cada quien tiene su forma de pensar y construir su mundo, además; cada quien está preparado para ver y escuchar lo que tiene que ver y escuchar, porque cada uno de nosotros somos seres perfectos, hacemos lo mejor que podemos, con la consciencia, el conocimiento y el entendimiento que tenemos, tal como lo plantea *Louise L. Hay*, en su hermosa filosofía de vida *"Amate a Ti mismo"*, y eso es lo que nos diferencia de los demás.

No es hora de juzgar a nadie, sino de amarnos a nosotros mismos y el resto del colectivo, puesto que, si estamos en armonía con nosotros mismos y mucho más en armonía con la luz del universo, todo se desarrollará conforme a la luz para nosotros y para cada uno nos rodea. No hay lugar para el juicio. El llamado reiterado es movernos con humildad y simplicidad, sea lo que sea que tengamos que vivir. Permanecer humildes y simples significa aceptar y recibir cuanto podamos de lo que llega y observarlo sin juzgar, sin forzar ni oponernos. Es importante mantener en nuestro corazón que "cada quien ve lo que puede o lo que quiere", por lo tanto, la visión está sujeta a cómo se interpreta, y en los menos experimentados, está limitada por sus heridas, sus frustraciones, su pasado... aún en los que dicen canalizarla y al fin, cada intuición que recibimos es canalizada desde lo alto.

Igualmente es importante señalar que, dentro de esa simplicidad, es necesario recordar que estamos dentro de nuestros cuerpos, que no somos sólo esos cuerpos, y por lo tanto debemos tratarnos de una forma excelente, pues si éste es bien tratado no nos enviará mensajes molestos, generados por nuestros pensamientos los cuales modifican y alteran nuestra neuroquímica cerebral, que finalmente termina de manifestarse en enfermedades.

Entonces, es necesario que las personas comprendan que las enfermedades en la mayoría de los casos están relacionadas al cuerpo y a la mente, a la conexión de la psiquis y el resto del organismo. Por lo tanto, nuestro sistema de pensamientos puede generar malestar o bienestar en nuestro cuerpo. Así mismo debemos saber que el cuerpo es la expresión visible de la conciencia como una casa es expresión visible de un arquitecto. Por lo tanto, cada parte y órgano del cuerpo corresponden a una determinada zona psíquica, una emoción y una situación conflictiva determinada.

Pues bien, el que conoce esta correspondencia, aprecia su ser como un ente multidimensional, ya que el cuerpo también se manifiesta en el alma, y los síntomas de las enfermedades manifiestan todos los principios y valores que son evaluados negativamente, tanto por el individuo como por la colectividad, lo que impide que el ser humano viva y sea visto a si mismo de una forma consciente, como una totalidad. Además, los síntomas obligan a asumir conscientemente el equilibrio del ser humano, a recuperar su poder. El síntoma también es concreción somática de lo que nos falta en la conciencia.

"Debemos ser el cambio que deseamos ver en el mundo". Gandhi

Capitulo II

Mi Poder Interior

Cultiva hábitos mentales positivos, deja en libertad la mente para concentrarla en asuntos esenciales.

La fuente de tu poder interior.

Así como el Universo está lleno de fuerzas muy poderosas capaces de producir nuevos planetas, moverlos, hacer que estos giren sobre sí mismos con ímpetu y fuerzas que además de invisibles, son muy poderosas; nosotros también las poseemos. Estas se encuentran en nuestro interior y nos hacen capaces de producir hermosas cosas. Por ello, la verdadera fuente de nuestro poder interior, la podemos encontrar, (y estoy convencido de ello) en la individualidad holística de nuestro ser que nos muestra quienes realmente somos y no lo que otros creen que somos o deberíamos ser. Es allí, donde está nuestra gran diferencia del resto de los seres que habitan este Universo.

Por eso una persona es verdaderamente independiente y libre, cuando es capaz de reconstruirse a sí misma partiendo de sus herramientas innatas y cognitivas de desarrollo, discerniendo entre los niveles de influencia que absorbe del medio, distinguiendo como individualidad única entre el espejismo que se dibuja afuera como realidad y el paisaje potencial que abriga su mundo interno; así, una simple persona puede influir armoniosamente en el entorno, en la familia, los amigos, el trabajo y la comunidad, y de alguna forma en el mundo.

Pero necesita de un despertar de su consciencia, como impulso vital y transformador para despertar en los dominios de su propia realidad y hacerse dueño de sí misma: dueño del rumbo de su destino, dueño de la fuente del poder interno que atesora.

Así cada individualidad, cada ser humano encuentra el camino resonante de la totalidad que anhela, el camino de la humanidad y lo que significa, el camino de la unidad y la entrega.

¿Quién, si no tú tienes el poder sobre ti?, ¿quién tiene el poder de crear tus propios pensamientos?, ¿será que otras personas pueden impedirnos elegir tener pensamientos prósperos y de abundancia?, ¿puede alguien impedirnos actuar desde el amor?, ¿puede alguien frenarnos en aumentar nuestro propio poder?

Pues bien; cada uno de nosotros tiene la elección de elegir, si tener pensamientos negativos, tristes, catastróficos, dañinos, insanos, con sentimientos de culpa, odio, remordimiento y rencor, o mantener una vida llena de pensamientos positivos (afirmaciones), basados en el amor, en la aceptación y aprobación, en el buen sentido de la libertad y la salud.

Pues nadie se puede meter en nuestra cabeza, ni tampoco sentir por nuestro propio corazón. Durante siglos hemos buscado nuestro poder fuera de cada uno de nosotros; en los padres, en la pareja, en los dioses que representan cualquier religión, en los superiores, en los reyes, en los sabios, en magos y en la medicina, y el no encontrarlo nos llena de rabia, rencor, tristeza frustración.

Pero ahora es el momento de saber, si quieres ser poderoso contigo mismo, ese poder debes buscarlo solamente dentro de ti, en el interior.

Dentro de todos y cada uno de nosotros brilla un poder interior que se expande en función de nuestras vivencias y comportamientos. Él nos guía natural y amorosamente hacia la salud perfecta, la pareja perfecta, la profesión perfecta y nos ofrece la prosperidad en todo aquello que deseamos. Somos los únicos responsables de nuestra felicidad.

De nada sirve mendigar a otros que nos hagan felices, ni tampoco culpar a otros y responsabilizarlos de nuestra propia infelicidad. Por mucho daño que alguna vez creímos que nos habían podido hacer solo nosotros tenemos la llave de nuestros pensamientos y sentimientos, no depende de otros ni de nadie, solo de ti mismo. Sólo nosotros somos responsables de perdonar. Esto es un acto propio del único corazón del que disponemos. Aquí se encuentra la verdadera liberación del agredido y el verdadero poder interior.

Éste es el poder al que han accedido todos los grandes genios y maestros. También es el espacio donde actúan toda la magia y los milagros en nuestras vidas. Tal como ha ocurrido en la mía, desde el momento que descubrí que tenía que hacer algo diferente para lograr alcanzar mis sueños y poder llevar a las personas un mensaje de luz, tal como lo hacen hoy en día grandes maestros, entre ellos la reconocida escritora *Louise L. Hay.*

Así, en este maravilloso proceso de perdonar, descubrí que el primer paso a dar era ser consciente que algo tenía que cambiar y que además me ocupaba trabajar en mis verdaderas necesidades, y en mis reflexiones descubrí que esas respuestas estaban dentro de mí mismo, brindándome la posibilidad de entrar en mi interior, conocerme, comunicarme con mi ser y con mi yo interior.

Desde ese momento los cambios empezaron a sucederse, los primeros con lentitud y los venideros con mayor rapidez y precisión. Empecé a ver los días con sol, las fuentes de agua, el ir y venir de las personas, el amor en mí mismo y en los demás.

Aprendí a sentir todas las cosas como grandes maravillas, y ahora vivo y siento plenamente mi vida y la de los míos. Mi vida se ha tornado más tolerante, paciente (y ese es uno de los trabajos que más esfuerzo me había costado) ¡pero lo estaba logrando! porque en la medida que los días van pasando mejores resultados estaba obteniendo gracias a la confianza depositada en mi yo interior.

Ahora sé que la felicidad depende de cada uno de nosotros, de manera unipersonal y no de los otros, ya que el olvidar ser felices es convertirse en seres prisioneros de la incapacidad (no soy capaz de esto, no voy a lograr lo otro, no me merezco esto, esto no es para mí...), en víctimas de los demás (si mis padres se hubiesen comportado de otra forma, si mis hermanos me hubiesen entendido...), nos convertimos en ciegos ante nuestra propia responsabilidad. Y en "inválidos" a la hora de aumentar nuestro propio poder interior.

En ese proceso, nos convertimos en el "renegado" ante nuestro único guía interior. El negar nuestras capacidades nos convierte en víctimas. Entonces surgen el desamor, la rabia, el resentimiento, la tristeza, el dolor, la enfermedad y todo sentimiento de incapacidad, de autocrítica y culpabilidad.

Recuerda, cuanto más le damos la espalda a nuestro poder interior, a nuestra parte pura y divina, más nos cuesta luego reconectarnos con él, ser guiados. Así, en lugar de ser guiados por ese poder interior somos guiados por nuestra mente.

¿Será que nuestra mente es mala? Pues ésta, contrariamente a lo que terminamos creyendo no es mala por naturaleza, sino que abandonada también por las riendas del corazón, nos engaña y nos priva de nuestra felicidad, como la hemos privado nosotros mismos de su mejor amante, el corazón. Entonces nos hace creer cosas que no son verdad, nos hace actuar como nuestros padres, abuelos, maestros... Nos hace olvidarnos de quienes somos realmente.

La única vía posible para ser feliz es conectar con este puntito de luz que hay en nuestro interior, nuestro poder. Cuanto más vivamos de acuerdo con nosotros mismos, amándonos y siendo felices, más crece nuestro poder y así más fácilmente somos guiados hacia nuevas situaciones y relaciones que nos hacen sentir vivos.

Cuanto más usamos nuestro interior más crece nuestro poder. Pues el único deber que tenemos que cumplir es el de expandir, ante todo, nuestra propia luz. El que no se ama, se da la espalda y no crece en armonía con el sentido universal, no tiene amor que ofrecer.

Del mismo modo, las personas que se dedican a los otros ante que a ellos mismos abandonan su poder interior.

Las personas que se dedican a los otros y se olvidan de sí mismas no actúan desde su bondad; actúan desde su mente voluntariosa, desde una mente que les dice: "sacrifícate", "se bueno/a", "antepón el bienestar de los demás al tuyo propio".

Las elecciones de vivir para satisfacer las necesidades de los demás antes que las propias también la viví, en ese proceso de dedicarme a los demás, "vivía" pendiente de mis hermanos, y sobrinos, de mis padres, amigos y familiares cercanos, así como de sus situaciones de conflicto.

Parecía una ambulancia, socorriendo a todo el mundo. Les ayudaba a resolver sus situaciones y una vez que finalizaba mi tarea me preguntaba ¿y ahora quién resolverá los míos?, pues me veía acumulado de aquello que no atendí por estar resolviendo lo ajeno, lo que me llevaba a pensar que ellos dirían ¡él sabrá cómo resolverlo!

Algunas veces me sentía muy solo y nadie entendía el porqué. A pesar que al poco tiempo tuve mi esposa e hijos, vivía una vida llena de juicios y supuestos. Pero hoy en día, en base a mi trabajo interior he madurado muchas cosas, aunque sigo trabajando en mi crecimiento y desarrollo personal, una labor hermosa que es infinita porque de manera continua aprendemos cosas nuevas. Y ese algo tiene que ver con el respeto hacia uno mismo.

La palabra respeto y nuestro poder interior.

El respeto hacia uno mismo muestra nuestro poder interior. El respeto, es una palabra que comienza por uno mismo y después ésta es extendida hacia otras personas, a todo miembro de esta sociedad y todo lo que nos rodea. Cuando te respetas a ti mismo significa que te aceptas y te apruebas, tal como eres.

Es por ello, que aceptarse y aprobarse así mismo, eso exactamente significa ser consciente de ti mismo, en la cual podrás ver, la magnificencia de tu presencia, lo hermoso, y maravilloso que eres, ves la perfección que hay en ti, ves que eres un ser de luz, tienes amor para ti mismo y para los demás.

Haces conciencia que estas aquí para disfrutar tu vida y no para sufrirla. Estas aquí para ser el autor y actor de tu propia historia. Te hace comprender también, que la conciencia no significa que seas superior ni más inteligente que el resto de las personas.

Así mismo, cuando te respetas a ti mismo, puedes respetar a las otras personas y todo lo que te rodea, eso puede traducirse como la aceptación de ellos tal como y como son.

Por ello, si no te respetas a ti mismo como puedes exigir que los demás te respeten. Todo empieza por la valoración de nosotros mismos. En definitiva, el motor de la vida es nuestra consciencia, y lo único que la vida quiere de nosotros es que aumentemos nuestra luz, nuestra felicidad, el amor y así la del planeta.

Únicamente cuando nos amamos nos tratamos bien, nos convertimos en co-creadores de luz, paz y felicidad en el Universo. Entonces podemos expandir esta felicidad a otros.

Desde la mente sí podemos hacer cosas buenas, materialmente también, pero siempre que esta esté actuando desde su poder supremo que es el poder interior.

¿Quién soy realmente?

Es una pregunta que vale la pena hacerse, muy pocos se la hacen, y cuando la hacen la mayoría de las personas no la responden, lo cual me parece sumamente desconcertante porque esa negación se genera cuando realmente no tenemos ni la más remota idea de quienes somos cada uno de nosotros.

Se que el sólo hecho de hacernos la pregunta nos genera inquietud, ansiedad y miedo. Sentimos que es una pregunta relevante, pero algo en nosotros rechaza pensarla y se quiere distanciar de la respuesta que de todos modos en el fondo anhelamos darle.

Es algo tan básico que incomoda no tener una respuesta preparada y clara. Pero cualquier explicación apresurada te puede dejar insatisfecho. Para obtener o darnos una respuesta de quien soy, es necesario detenernos en la vida cotidiana y entrar en lo más profundo de tu ser. Cuando nos detenemos a pensar más profundamente, notamos cuán compleja e intrigante es la cuestión, y aparece más vasta y escurridiza.

Es tan importante para nuestra existencia, porque de allí obtendrás tu base y esencia, aunque sea difícil; pues bien, exige de toda tu atención, pues brinda una puerta abierta hacia tu vida interior.

Cuando te preguntas seriamente, ¿Quién eres tú? en la intimidad de tu ser, con honestidad y abierto a escucharte a ti mismo; empezaras a descubrir mucho sobre ¿quién eres? ¿con qué que te identificas? ¿de dónde vengo? ¿qué prejuicios tengo ante mi vida misma? ¿cómo soy yo en mi totalidad? ¿será que mi totalidad, suma más que mis partes?

Es sorprendente las respuestas que comienzas a obtener, a lo mejor algunas te parezcan un poco dolorosas, otras probablemente te llenarán de mucha satisfacción y entusiasmo, pero es una forma de hallar nuestra verdad, que nos muestra el campo de la conciencia interior, la cual nos va mostrando que en la medida que uno comprende más y más ese yo interior, nos ofrece con mayor claridad un sinfín de respuestas que no tienen límites y descubrimos nuevos horizontes de nuestra realidad.

Este argumento ¿Quién soy yo? es una herramienta para explorar la propia vida interior, y no una pregunta. Somos espíritu, amor, paz, humildad, prosperidad, sabiduría, moléculas, pensamientos, cultura, energía, sanidad, luz, perfección, búsqueda, transformación, esperanza, somos también, un cuerpo físico, psicológico, biológico, social y emocional.

Somos una totalidad integral que es más que la suma de cada una de nuestras partes, somos pluripolar, multidimensional, somos seres complejos, creadores, soy responsabilidad, soy presente, en fin, somos todo lo que elijamos ser. Pero ¿mi negación de mirar hacia mi interior será porque me causa, temor? La mayoría de las veces nos negamos a mirar dentro de cada uno de nosotros porque creemos, más que ver bendiciones, veremos muchos pecados.

Esto es lo que crees y por eso es la negación, a mirar y a buscar dentro de ti. Tú eres el hacedor de tu mundo. Asume tú responsabilidad desde tu interior, y veras pues que se te concederán cada uno de los milagros que pidas, tendrás visión, amor, paz, sabiduría, y todo lo positivo que quieras. Hazte ese réglalo a ti mismo. ¡No hay nada en este mundo y en este Universo que no te pertenezca!

Cómo recuperar nuestro poder interior.

Para recuperar nuestro poder interior, tenemos que buscar dentro de nosotros, pues nuestro yo verdadero, la totalidad, no podemos encontrarla en otra parte: ni en el cielo, ni en la tierra, ni en el mar ni en montañas, pues si lo buscas allí, entonces sólo encontrarás árboles y animales, si lo buscas en el mar solo encontrarás peces de miles de tamaños y formas. No puedes buscar entonces fuera de ti mismo, solo tú tienes las respuestas. Si sigues buscando tu poder fuera de ti, realmente te encontrarás con una ilusión llamada dolor, porque será en vano esa búsqueda de ti mismo.

No malgastes tu tiempo pidiéndole explicación a la naturaleza o al cielo, busca en ti mismo las respuestas y explicaciones que quieras escuchar, de esa forma conocerás tu verdad.

Si quieres disfrutar la paz y la felicidad, date el permiso de conocerla porque está dentro de ti. Esta te llenará de plenitud y te llevará a conocer tu verdadero Dios Universal, tu Divinidad, tu Dios. Por ello para establecer tu nueva verdad es necesario que hagas reinterpretaciones de tu realidad, y debes no sólo de reinterpretarlas, sino agregar elementos positivos que la fortalezcan según tus oportunidades de mejoras.

Permítete establecer un propósito firme que te genere estabilidad, líbrate de juzgarte y deja de hacer interpretaciones desde una perspectiva de aislamiento, pues así cualquier cosa que veas no tendrá ningún significado y la verdadera representación cambiará.

Sumergiéndote entonces en estos procesos de cambios podrás iniciar la recuperación de tu poder interior cuando elijas creer fielmente en ti mismo, en tu verdad, en tu ser, confiando en él y no en tu conocimiento, ya que el conocimiento por lo general distorsiona nuestras creencias. De este modo, el ser no tiene nada que ver con los conocimientos, porque cualquier cosa que amenace tu conocimiento te hará sentir inseguro.

Por ello, más que confiar en el conocimiento, confía en tu ser interior que él no te traicionará brindándote seguridad para ti y los demás; el único gran tesoro que tienes realmente, es tu propio yo, tu ser, tu presencia y es lo que establece esas grandes diferencias entre cada ser humano. Eso es lo que nos hace ser seres auténticos.

Es necesario que seas plenamente consciente de ti mismo. De tu creación, de todas las potencialidades y talentos, de cada una de tus partes que suman una totalidad, de tus oportunidades de mejora, y de todo lo que este Universo, Dios o la Divinidad tienen para ti.

Recuerda, no tienes que buscar ese poder en el cielo, el cielo eres tú mismo, no busques tu poder en la felicidad, la felicidad está contigo en todas partes; no busques tu poder en la verdad externa, la verdad la tienes dentro de ti; no tienes que buscar tu poder en la perfección, la perfección está dentro de ti. Date el permiso que todo aflore de ti.

Una valiosa terapia es reprogramar tu mente con nuevos pensamientos de valía y merecimiento, los cuales alegran a nuestra más potente herramienta, nuestro poder interior y aliméntalo continuamente.

Mantenlo despierto, asume tu responsabilidad contigo mismo, esto es un acto propio, es nuestro poder interior del que disponemos. Aquí se encuentra la verdadera liberación del agredido.

También, permítete expresar tus sentimientos y emociones, reconocerlas nos devuelve la tranquilidad y la paz. Si haces lo contrario; negar el dolor: es automáticamente aumentarlo. Negar es un modo de enseñar desde viejos tiempos, y así se nos ha educado, que las emociones, los dolores, no importan, no son nada.

Y así aprendemos a tragar, en vez de sacar y limpiar. Otra de las alternativas que te ofrezco es que hagas visualización creativa, meditación y yoga, ya que estas herramientas nos profundizan en nuestra verdadera identidad espiritual, aprendiendo a liberar energías positivas que se manifiestan en las cualidades de la paz, el amor, la pureza, la felicidad, la sabiduría y el equilibrio.

El efecto sobre ti mismo es que alcanzas un estado positivo de estabilidad mental y fuerza interior. Así, podemos restaurar todo nuestro potencial interior. Su presencia, sea donde sea, crea un efecto catalizador con las personas de su entorno, haciendo que emerjan en ellos las cualidades humanas más positivas.

El efecto espiritual obtenido a través de estas prácticas permite construir pensamientos más profundos y sutiles, ya que actúa a un nivel de transformación de una consciencia ordinaria y limitada a una conciencia profunda e ilimitada, traspasando los límites que han creado los seres humanos en sus mentes y liberándolos de sus ataduras interiores.

Elegir integrar estas herramientas para entrar en contacto con tu Yo interior, en estado consciente de cómo piensas y sobre lo que sientes, te permite reconocer los rasgos positivos y hermosos de tu personalidad, pero también permite reconocer conscientemente aquellos hábitos negativos que hemos creado, y se manifiestan en forma de miedos, prejuicios, adicciones, entre otros, y la oportunidad de transformarlos.

La búsqueda del yo interior, requiere la práctica de estas herramientas, para aprender a relajarte, y es un excelente comienzo para entrar en tu cuerpo, sentirlo y conocerlo; los resultados serán generar paz y más control, adentrándote a una verdadera libertad, excluyéndote de un mundo ilusorio. Recuerda ser consciente, significa tener nuestro poder con nosotros.

Ya que elegimos poner nuestro interior en orden y equilibrio, la visualización creativa es otra técnica simple que consiste en proyectar en nuestra pantalla mental una situación en la que el cambio ya se ha producido, viviéndolo y experimentándolo como real, como si ya viviéramos la situación deseada.

Es decir, generamos una proyección presente. Esta imagen mental deberá ser lo más clara posible, y muy concreta, con el mayor número posible de detalles, con el fin de dar más corporeidad y credibilidad a dicha imagen, y así poderla grabar más profundamente en nuestro subconsciente. Para ello, es fundamental recurrir a la sensorialidad, añadiendo colores, olores, formas y sonidos.

Como consecuencia de este principio universal, atraemos a nuestra vida aquello en lo que pensamos más intensamente, aquello en lo que creemos con más fuerza, aquello que deseamos con mayor vehemencia y lo que imaginamos de un modo más real. La magia de la visualización creativa nos hace más conscientes y nos ayuda a describir y a utilizar el poder que se encuentra en nuestra imaginación para crear una imagen mental o una representación vivida de algo que deseamos que se materialice. Si de forma permanente nos focalizamos en esas ideas, imágenes o sanaciones, le estaremos agregando energía positiva hasta que se conviertan en una realidad.

Además, el regalo que las visualizaciones creativas nos otorgan es darnos poder para destruir barreras y obstáculos internos, miedos y dudas que se hallan en oposición al estado de nuestra consciencia natural y nuestro ser, que es el amor, y así poder realizarnos como personas libres y manifestar nuestros aspectos más positivos a los demás. Es decir, nos agiliza en nuestros procesos de conexión con nuestro ser interior.

A continuación, te presento un ejercicio de visualización creativa el cual te será de gran utilidad, ya que esta técnica es muy poderosa. Es necesario que cuando inicies este ejercicio lo realices una hora después de comer comida pesada y una media hora si comiste algo ligero.

También, es importante que mientras practiques estas técnicas te olvides de cualquier medio de comunicación, como los teléfonos tanto fijos como celulares, tablets, computadoras, entre otros. Recuerda que estos ejercicios son muy variados, todo depende de tu necesidad.

Para dar inicio a la visualización creativa, elige una posición confortable, de ser posible sentado, aunque no es obligado ya sea en el suelo, en la silla o en cualquier medio donde tú te encuentres más cómodo. Mantén la espalda lo más recta posible sin tensionar los hombros ni el cuello, para que la energía fluya fácilmente.

La cabeza debe permanecer erguida pero con la barbilla un poco inclinada hacia abajo. Intenta adoptar esta postura sin forzar ningún músculo de tu cuerpo, al principio puede resultarte difícil, pero con la práctica verás como cada día es más sencilla. Reposa tus manos relajadamente sobre tus piernas, con las palmas hacia arriba.

Puedes colocarlas una en cada pierna, una mano sobre la otra o formando con tu mano derecha un puño que la izquierda agarra.

Adoptada ya la postura, comienza con tu proceso de respiración, este puede ser siguiendo 4 series de cuatro respiraciones para inhalar, 4 segundos para retener y 4 segundos para exhalar.

Continua con cuatro de series de 6 segundos para inhalar y exhalar; y posteriormente cuatro series de 8 y posteriormente seguir con el proceso de respiración personal, la cual debe ser tranquila y agradable, inspirando y expirando suavemente por la nariz. La boca debe permanecer cerrada en todo momento y la lengua pegada al paladar. Es importante que, durante la visualización la respiración sea lo más pareja posible, realizando una respiración diafragmática. La cual te liberará de los pensamientos negativos y las cosas desagradables que rodean tu vida. Deja atrás los miedos, las dudas y sentimientos de culpa.

Ahora comienza en el aquí y en el ahora, pidiendo conectarte con tu Ser superior, y pides mentalmente que, a partir de este momento, esta conexión sea permanente y por siempre contigo, con tu Yo Superior, y con todas tus partes (niño, joven y adulto) y finalmente comprendes que la verdadera paz, felicidad, abundancia, inspiración, amor, salud y equilibro, sólo pueden derivarse de esta permanente conexión con *tu ser superior y toda tu totalidad que está dentro de ti, que seguirá existiendo cuando tu personalidad y tu cuerpo físico mueran.*

Durante la sesión afirma "tu Ser Superior con la totalidad de ti, es más que la suma de tus partes, que están contigo por derecho a nacer y de existir". Luego sigue respirando según tu ritmo normal, y progresivamente mientras traes tu conciencia al sitio, espacio y lugar donde comenzaste tu visualización, progresivamente puedes abrir tus ojos, hasta que estén abiertos en su totalidad. Tomate el tiempo que quieras (5 minutos, 1 hora, 20 minutos...) pero nunca con prisas. Ejercítate de manera cotidiana y todas las veces que puedas.

La meditación como técnica indica como la mente no tiene pensamientos, así pues, meditación significa permanecer tan relajado como cuando estás profundamente dormido, pero manteniéndote alerta.

Es decir, puedes comenzar a ver y experimentar más allá de tus sentidos y del sueño profundo, pero en estado consciente. Lograr ese estado de conciencia es más que una experiencia; eres tú, es tu propio ser en toda su plenitud, lo que te da el poder de observar tu mente tranquilamente y ver como ella, lentamente, se va aquietando y se va quedando dormida.

Es la esencia y el objetivo principal de la meditación. Es decir, no te asocias con lo que está sucediendo, simplemente eres testigo consciente y abierto que no tienes expectativas ni esperas resultados. Simplemente observas. La meditación, es entonces un viaje fantástico a lo desconocido de tu mundo interior, allí recuperarás el espacio que has perdido a través de los años. La meditación no es un esfuerzo contra la mente, es una manera de comprender la mente. Es un modo muy cariñoso de contemplar la mente, pero claro, hay que tener mucha paciencia.

Esos pensamientos que llevas en tu mente se han ido formando durante siglos y milenios, es decir que han sido transmitidos de generación en generación.

Tu pequeña mente carga con toda la experiencia de la humanidad; y no solo de la humanidad: también de animales, pájaros, plantas, rocas. Has pasado por todas esas experiencias. Todo lo que ha ocurrido hasta ahora ha ocurrido también en ti.

A continuación, te dejo uno de miles de ejercicios que existen sobre esta maravillosa práctica. Recuerda es necesario que consideres las normas para la realización de la visualización creativa mencionadas arriba.

En las mañanas, por las tardes o inclusive antes de dormir, debes saber que tú eres libre de elegir el momento perfecto para hacer esta visualización, puedes comenzar por escoger un lugar de tu preferencia asociado a la paz, tranquilidad, comodidad y seguridad.

Este puede ser tu habitación, acostado en el piso sobre una manta o también puedes adoptar la posición de cochero (sentado (a), con la columna vertebral derecha, y manos descansadas en ambas piernas). Con los ojos cerrados comienza a practicar la respiración, contando hasta 4 segundos para inhalar, 4 segundos para retener; y 4 segundos para exhalar; eso lo debes hacer en cuatro repeticiones.

Luego que hayas realizado las cuatro series de respiraciones, repites el mismo ejercicio en serie de 6 segundos para inhalar, 6 segundos para retener y 6 segundos para exhalar, hasta que tu cuerpo este relajado en su totalidad, distendido sin ninguna tensión y pauta mental que te moleste, en total calma y paz, (para lograr este estado, concéntrate inicialmente en los latidos de tu corazón hasta que con la practica constante logres el estado de relajación más rápidamente).

Comienza a imaginar un gran rayo de luz blanca, brillante, sublime y majestuosa que entra por encima de tu cabeza y recorre todo tu cuerpo. Cada célula de tu cuerpo se ilumina con esta luz poderosa y perfecta que irradia amor, paz, armonía, y balance entendiendo que te pertenece y que lo mereces. Ahora imagina que esa luz entra en tu columna y sistema respiratorio, procediendo a limpiar tus malestares, como si fuera un montón de objetos pesados que has decidido tirar a la basura. En la medida que esa luz hace su trabajo de limpieza, en esa medida te vas sintiendo más liviano, fuerte, con más salud y amor para ti, porque ves cómo de manera fácil te despoja con tranquilidad de todo tipo de dolor y malestar presente en todo tu cuerpo y de todo aquello que te hace irritar.

Mientras vez que esa limpieza ocurre, comienzas a realizar afirmaciones como "mi cuerpo está en perfecta armonía con mi mente y mis emociones". Entrégate a experimentar lo que esas afirmaciones positivas generan en tu cuerpo, conéctate con la felicidad, tranquilidad y bienestar, finalmente ese haz de luz se despide de tu cuerpo, desvaneciéndose lentamente dejando una gran serenidad, calma paz y mucha salud.

En ese instante, te dispones a regresar a tu sitio de inicio de la visualización, poco a poco abres tus ojos, conectada a ese estado de paz y calma. Tomate el tiempo que requieras (5 minutos, 1 hora, 20 minutos...) Nunca con prisas. Ejercítate de manera cotidiana y todas las veces que puedas.

Otra de las maravillosas disciplinas para entrar en contacto con tu yo interior, es el yoga; una disciplina tradicional originaria de India, que busca el equilibrio y el bienestar físico, mental y espiritual, ayudando a la relajación y meditación.

El Yoga cuenta con varias técnicas y estilos, que se adaptan a todo tipo de personas con sus necesidades y capacidades. La realidad es que, en todos los ámbitos, produce una mejora considerable no solo de la salud, sino que incluso, hace cambiar la forma de vivir de las personas.

La práctica del yoga nos lleva a deshacer todo lo que nos impide entrar en contacto con nuestro interior, lo cual puede provenir, de nuestros estudios, nuestros trabajos, de aspectos familiares, relaciones, emociones, el régimen alimentario, o a lo mejor de cómo vivimos.

Lo que hace la práctica del yoga es empezar a derribar todo eso que no te deja estar en el presente, porque estás preocupado por el pasado o por el futuro. Desde el punto de vista personal, he practicado y sigo llevando a la práctica las tres herramientas arriba mencionadas, y también las aplico en los talleres, seminarios, cursos y conferencias que facilito, porque brindan un maravilloso bienestar físico emocional, y lo más importante nos permite encontrarnos con nosotros mismos, permitiéndonos aproximarnos cada vez más al despertar de nuestra consciencia.

Anímate e inténtalo para que comiences a sentir maravillosos cambios en tu ser. Actualmente existen muchos grupos de apoyo que te pueden ayudar a que practiques y te documentes más sobres estas herramientas. Otra estrategia a emplear para encontrarte contigo mismo, consiste en responder estas preguntas que a continuación te describo.

Es importante que sepas que las respuestas a las mismas las puedes responder de forma escrita, o también puedes aplicar la técnica del espejo, popularizada por *Louise L. Hay*, en su Best-Seller *Usted puede sanar su vida*, que te estaré explicando ampliamente en el capítulo IV porque la considero de gran importancia para esta etapa de tu trabajo personal.

Desde la puesta en práctica he obtenido grandes logros, así como también con mis pacientes, y las personas que acuden a mis talleres y conferencias. Toma papel y lápiz y contesta las siguientes preguntas:

1. *¿Como me veo?*

2. ¿Como me ven los demás?

3. ¿Cuáles son las cualidades potenciales que permanecen escondidas dentro de mí?

4. ¿Qué oportunidades a mejorar tengo?

5. ¿Vivo mi vida de una forma plena y creativa?

6. ¿Soy consciente de cada una de mis necesidades?

7. ¿Vivo mi presente para construir un mejor futuro?

8. ¿Tengo excelentes relaciones sociales?

9. ¿Vivo la fe de mi ser interior?

10. ¿Cuido mi templo que es mi cuerpo?

11. ¿Escucho los mensajes que mi cuerpo me quiere dar?

12. ¿Como me siento conmigo mismo?

13. ¿Estoy expresando como me siento conmigo mismo, y si no es así, por qué?

14. ¿Qué puedo hacer para expresarlo?

15. ¿Como puedo ayudarme a expresar mis sentimientos sin temor a las consecuencias?

16. ¿Qué te frustra?

17. ¿Como te relacionas con tus amigos y tu familia?

18. ¿En qué pensabas esta mañana cuando te levantaste?

19. ¿Que hace que tus estudios sean más difíciles?

20. ¿Que hace que tu trabajo sea más difícil?

21. Piensa de ti mismo como una persona de 30 años. ¿Qué clase de persona eres? ¿Qué trabajo realizas? ¿Qué relaciones personales tienes? ¿Dónde vives?, si eres mayor de 30 años puedes proyectarte a la edad que tú quieras.

22. Por lo general. ¿Me veo a mi mismo de una forma buena o mala?

23. ¿Qué es lo que yo sé hacer mejor?

24. ¿En qué cosas me destaco?

25. ¿Qué cosas tengo que me diferencian de los demás?

A este test puedes agregarles las preguntas que tú consideres necesarias, bien sean obtenidas de la lectura realizada con anterioridad, o de tu propia experiencia, acuérdate que solamente tú eres quien conoce las respuestas.

El poder verdadero en mí despertó, cuando despertó mi consciencia.

Capitulo III

La Intuición, una excelente compañera para nuestro despertar

Mi mente intuitiva me libera de mi mente racional, para honrarme, amarme y liberarme de las ataduras del pasado.

La intuición, un poder enorme y sabio.

El significado etimológico de la palabra intuición es mirar hacia dentro. La Real Academia de la Lengua española, la define como la facultad de comprender las cosas instantáneamente, sin necesidad de razonamiento.

Por su parte Jorge Bucay dice que, es una valiosa herramienta, un don que no le fue concedido a unos pocos. Visto de ese modo, en menor o mayor medida todos somos intuitivos y la mejor prueba es que alguna vez lo fuimos.

Cuando niños éramos capaces de percibir quiénes a nuestro alrededor nos querían o no, en qué lugares nos sentíamos protegidos y valorados, en qué vínculos de nuestro entorno había conflicto o tensión, qué lugar era seguro o no.

Pero, en la medida que fuimos creciendo fuimos perdiendo esta valiosa capacidad, y una de las razones es que los adultos nos enseñaron a desprestigiar estas sensaciones, a veces quitándoles valor, tildándolas de "fantasías infantiles", "simples corazonadas", otras restándole mérito juntándolas con la "adivinación", "la precognición" o "el sexto sentido", haciéndonos creer que la intuición es un don que le fue concedido a algunos, o para igualarlas despectivamente con algunas ciencias más oscuras.

Algunas veces hasta nos hicieron creer que era "inadecuado" percibir ciertas cosas de algunas personas, por creencias o paradigmas. Sin embargo, esto no dista de la realidad pues cada uno de nosotros tenemos intuición, y funciona como una especie de guía interna y nos ayuda en este camino de nuestra vida y desarrollo personal.

Por lo tanto, nuestra intuición, es esa voz interior que en esos momentos te susurra para ayudarte a decidir. Con la intuición no entras en el proceso de analizar, dudar, intelectualizar, cuestionar, con la intuición haces una valoración rápida y precisa para tomar decisiones.

Pero otra de las cosas que nos impide hacer contacto con esta valiosa herramienta, es querer tener todo bajo control. La intuición se desarrollará en todo su esplendor y se transformará en un poderoso aliado, sólo si aprendes a aceptar las cosas como son, fluyendo con lo que la vida te trae, sin poner resistencia.

En ese sentido, me permito compartir desde mi vivencia personal como se manifiesta la intuición en nuestras vidas: Desde hace muchos años, tuve varios sueños y todos recreaban una misma escena. Así mi primer sueño, me mostraba sentado al frente de varias personas, alrededor de cincuenta a las cuales llevaba un mensaje; al poco tiempo volví a tener el mismo sueño, pero en esta oportunidad ya no eran cincuenta, sino que eran más de quinientas personas presentes en un espacio.

La repetición constante de este sueño me llevo a preguntarme ¿qué será lo que me está diciendo la intuición a través de mis sueños?, y en la búsqueda de esas respuestas, al poco tiempo volví a tener el mismo sueño donde llevaba un mensaje de sanación a un grupo de personas pero en esta oportunidad eran miles las que tenía en frente de mí, y como dato curioso; en mi sueño siempre aparecían al lado de mi un árbol metido en una maceta, y en la medida que el número de personas se iba incrementando frente a mí, este árbol cada vez se iba haciendo más frondoso y fuerte.

Una vez que desperté de ese último sueño, pude descifrar y comprender cual era mi propósito en la vida, asumiendo con certeza que ese mensaje venia de mi interior, y que eso era una idea que yo tenía desde niño, ser un gran conferencista pues disfrutaba jugar con el famoso experimento de los vasos conectados a las cuerdas para simular un teléfono o cualquier trozo de madera con una esfera cortada por la mitad se convertía en un fantástico micrófono.

Esto me impulsó a seguir en la búsqueda de mi verdad; establecer acciones para que esa, mi verdad se materializara. Acciones que lleve a cabo después de varias meditaciones y visualizaciones creativas, permitiéndome apropiarme de seguridad y fortaleza, así como realizar un trabajo personal que me permitiera percibir mis oportunidades de mejora.

Así comencé a establecer acciones para ese proyecto, definiendo mis necesidades. Una vez establecidas, elaboré una lista de "elementos importantes y elementos urgentes", referido a actividades y responsabilidades de diferente naturaleza, adquiridas y presentes hasta ese momento en mi quehacer diario, refiriéndome a que todo lo urgente constituyen distractores de lo importante, situaciones no organizadas que surgen de la falta de planificación, así como desconocimiento, y lo importante se basa en una planificación flexible. Ello me permitió en instancia inicial, desligarme de muchos elementos y situaciones que constituían obstáculos para alcanzar mi sueño: Ser conferenciante.

Además, lo que me hizo entrar en conciencia aún más sobre mi propósito; pues debía soltar algunas cosas las cuales me mantenía "atado y dormido", tal vez por no salir de mi zona de confort, o a lo mejor por miedo, o simple comodidad. Lo único que recuerdo es que esa zona de confort y comodidad, más que generar algún bienestar, me produjo un sinfín de malestares y deterioro de mi salud. Hasta la instancia de no querer asistir a los puestos de trabajo donde me desempeñaba.

La revisión consciente de esta situación me llevo a tomar la decisión de renunciar a todos mis cargos, incluso la administración pública con quien ya tenía 16 años laborando en diferentes instituciones del estado, a pesar de los comentarios de muchos de mis amigos y compañeros, quienes me decían que perdería todos esos años de servicio.

Sin embargo el aprender a escucharme, me permitió dar respuesta a esas palabras, pues mi conciencia me decía, "no los perdiste fue una inversión para ti, tú puedes construirte tu propio retiro".

Muchas veces me preguntaba: ¿cuánto aprendiste? y yo me respondía: "mucho". Constantemente repetía: "para mí fue una gran oportunidad el haber tenido este trabajo, y respecto a la jubilación yo puedo hacérmela".

Otros me decían también, ¿cómo mantendrás a tus tres hijos y tu familia? Pero gracias a Dios, al Universo y a la Divinidad, conté con el apoyo de mi esposa, familiares y amigos, incluso confié y sigo confiando en mí mismo, pues siempre supe después de interpretar mi sueño, que lo que Dios, el Universo y la Divinidad tiene para nosotros, nos pertenece, y que no quedaría sin nada en manos como muchos me decían, porque tenía ya una herramienta importante: La confianza en mí mismo, una gran punta de lanza.

El día que presenté mi renuncia, lo consideré como una de las mejores decisiones que había tomado en mi vida, resultado con el cual me sentí feliz y en paz conmigo mismo. Fue desde ese momento que comencé a respetarme como persona.

A partir de allí me he dedicado fielmente a mi satisfacción, a realizar el trabajo que me gusta, place y satisface, como es impartir seminarios, talleres y conferencias, dedicarme más de lleno a mi proceso de preparación personal y profesional, para lo cual invierto grandes horas de mucha formación y lectura de grandes maestros.

Estoy absolutamente convencido que compartir información y conocimientos requiere de mucha responsabilidad de mi parte, forma parte de mi respeto y el respeto por el otro.

Después de haberte contado este espacio de vida que ha sido significativo para mí, te puedo decir que debemos dar oportunidad a nuestros sueños, no descansar hasta consolidarlos, no conformarse con un espejismo de ese amor; darse tiempo para saber antes quiénes somos y convertirnos en todo lo que hemos soñado.

Acepta los dones que la vida te ofrece cada día. Entrégate a la magia de lo inesperado y aprende a descubrir lo bueno y lo bello oculto entre lo cotidiano. Ahora bien, la intuición nos abre el camino al conocimiento con nuestro propio interior, está claro en entonces que por medio de la intuición nos conectamos con nuestra sabiduría, nos guía en nuestras decisiones, porque la voz que viene de nuestra esencia nos hará saber que necesitamos y como obtenerlo.

Cuando aprendamos a escuchar nuestra intuición nos sentiremos libres, creativos, magníficos, alegres, felices, y nuestra vida fluirá sin esfuerzo, plena y excitante. Seremos más espontáneos, y nos moveremos más por todo aquello que nos apasiona.

De aquí en adelante, por favor comprométete contigo cuando realices algo; escucha tu intuición, ella te dará las respuestas que necesites, eso te permitirá planificarte en el presente tal como lo expresa el libro *Curso de Milagros*, que enseña como una mente sana no planifica, sino que busca el poder de fluir y en permitir que las alternativas surjan. Debe haber por consecuencia un verdadero goce y disfrute de ello.

Ante cualquier situación escucha siempre a tu intuición, acostúmbrate a ello, porque la mayoría de las veces el ego se encarga de apagar esa voz interna que se llama intuición.

El ego simplemente la apaga generando confusiones de quienes somos y que tenemos ¿Serás capaz de realizar eso que piensas? ¿Sera que tienes los talentos suficientes para lograr lo que quieres? ¿Estás seguro de lo que piensas? ¿Y si todo te sale mal que harás? Así es como el ego apaga tu intuición, poniéndote obstáculos para impedirte el disfrute pleno del amor y las relaciones. No olvides tampoco que nuestro ego siempre desea mantenernos esclavizados y desgraciados.

El ego en las personas.

Las personas que viven condicionadas por el ego están engañadas, se creen superiores y no ven la realidad, es un error de pensamiento que intenta hacer una presentación de cómo a ti te gustaría ser, en vez de como eres en realidad.

El ego es esa voz que siempre nos dice no puedes con eso, eres un incapaz, no lo lograras, todo te saldrá mal, después de tanto esfuerzo, todo quedará igual, está siempre atento: Te llena de inseguridades.

Generando así distorsión de nuestras opiniones y el verdadero "yo" se aleja y el conocerse a uno mismo se complica. El ego, es en sí una máscara social, un papel que nos aleja cada vez más de lo que somos de verdad.

Es una máscara también, que necesita halagos y aprobación de los demás, necesita tener el control de tus situaciones y de tu persona, quiere tener el poder sobre ti porque en lo más profundo de tu ser hay temor y necesita creerse superior para disimular su verdadero sentimiento de inferioridad.

El ego es como un personaje que se va creando, se aleja de la sencillez y se caracteriza por la complicación, es como una actuación del ideal, una falsa autoestima que se necesita proyectar para que nadie vea la gran inseguridad que se esconde en el interior. El ego nos hace tan ciegos y vulnerables como el cuento de aquel emperador cuyos nuevos ropajes estaban tejidos de su propia ilusión...

Hace muchos años había un Emperador tan aficionado a los trajes nuevos que gastaba todas sus rentas en vestir con la máxima elegancia. No se interesaba por sus soldados, ni le atraía el teatro, ni le gustaba pasear en coche por el bosque, a menos que fuera para lucir sus trajes nuevos. Tenía un vestido distinto para cada hora del día, y de la misma manera que se dice de un rey que se encuentra en el Consejo, de él se decía siempre:

-El Emperador está en el ropero.

La gran ciudad en que vivía estaba llena de entretenimientos y era visitada a diario por numerosos turistas. Un día se presentaron dos truhanes que se hacían pasar por tejedores, asegurando que sabían tejer las telas más maravillosas que pudiera imaginarse. No sólo los colores y los dibujos eran de una insólita belleza, sino que las prendas con ellas confeccionadas poseían la milagrosa virtud de convertirse en invisibles para todos aquellos que no fuesen merecedores de su cargo o que fueran irremediablemente estúpidos.

-¡Deben ser vestidos magníficos! -pensó el Emperador-. Si los llevase, podría averiguar qué funcionarios del reino son indignos del *cargo que desempeñan. Podría distinguir a los listos de los tontos. Sí debo encargar inmediatamente que me hagan un traje. Y entregó mucho dinero a los estafadores para que comenzasen su trabajo.*

Instalaron dos telares y simularon que trabajaban en ellos; aunque estaba totalmente vacío. Con toda urgencia, exigieron las sedas más finas y el hilo de oro de la mejor calidad. Guardaron en sus alforjas todo esto y trabajaron en los telares vacíos hasta muy entrada la noche.

«Me gustaría saber lo que ha avanzado con la tela», pensaba el Emperador, pero se encontraba un poco confuso en su interior al pensar que el que fuese tonto o indigno de su cargo no podría ver lo que estaban tejiendo. No es que tuviera dudas sobre sí mismo; pero, por si acaso, prefería enviar primero a otro, para ver cómo andaban las cosas. Todos los habitantes de la ciudad estaban informados de la particular virtud de aquella tela, y todos estaban deseosos de ver lo tonto o inútil que era su vecino.

«Enviaré a mi viejo ministro a que visite a los tejedores -pensó el Emperador-. Es un hombre honrado y el más indicado para ver si el trabajo progresa, pues tiene buen

juicio, y no hay quien desempeñe el cargo como él». El viejo y digno ministro se presentó, pues, en la sala ocupada por los dos pícaros, los cuales seguían trabajando en los telares vacíos.

«¡Dios me guarde! -pensó el viejo ministro, abriendo unos ojos como platos-. ¡Pero si no veo nada!». Pero tuvo buen cuidado en no decirlo. Los dos estafadores le pidieron que se acercase y le preguntaron si no encontraba preciosos el color y el dibujo. Al decirlo, le señalaban el telar vacío, y el pobre ministro seguía con los ojos desencajados, pero sin ver nada, puesto que nada había.

«¡Dios mío! -pensó-. ¿Seré tonto acaso? Jamás lo hubiera creído, y nadie tiene que saberlo. ¿Es posible que sea inútil para el cargo? No debo decir a nadie que no he visto la tela». -¿Qué? ¿No decís nada del tejido? -preguntó uno de los pillos.

-¡Oh, precioso, maravilloso! -respondió el viejo ministro mirando a través de los lentes-. ¡Qué dibujos y qué colores! Desde luego, diré al Emperador que me ha gustado extraordinariamente.

Cuánto nos complace -dijeron los tejedores, dándole los nombres de los colores y describiéndole el raro dibujo. El viejo ministro tuvo buen cuidado de quedarse las explicaciones en la memoria para poder repetirlas al Emperador; y así lo hizo.

Los estafadores volvieron a pedir más dinero, más seda y más oro, ya que lo necesitaban para seguir tejiendo. Lo almacenaron todo en sus alforjas, pues ni una hebra se empleó en el telar, y ellos continuaron, como antes, trabajando en el telar vacío.

Poco después el Emperador envió a otro funcionario de su confianza a inspeccionar el estado del tejido y a informarse de si el traje quedaría pronto listo. Al segundo le ocurrió lo que al primero; miró y remiró, pero como en el telar no había nada, nada pudo ver.

-Precioso tejido, ¿verdad? -preguntaron los dos tramposos, señalando y explicando el precioso dibujo que no existía.

«Yo no soy tonto -pensó el funcionario-, luego, ¿será mi alto cargo el que no me merezco? ¡Qué cosa más extraña! Pero, es preciso que nadie se dé cuenta». Así es que elogió la tela que no veía, y les expresó su satisfacción por aquellos hermosos colores y aquel precioso dibujo.

¡Es digno de admiración! -informó al Emperador.

Todos hablaban en la ciudad de la espléndida tela, tanto que, el mismo Emperador quiso verla antes de que la sacasen del telar.

Seguido de una multitud de personajes distinguidos, entre los cuales figuraban los dos viejos y buenos funcionarios que habían ido antes, se encaminó a la sala donde se encontraban los pícaros, los cuales continuaban tejiendo afanosamente, aunque sin hebra de hilo.

-¿Verdad que es admirable? - preguntaron los dos honrados funcionarios-. Fíjese Vuestra Majestad en estos colores y estos dibujos -, y señalaban el telar vacío, creyendo que los demás veían perfectamente la tela.

«¿Qué es esto? -pensó el Emperador-. ¡Yo no veo nada! ¡Esto es terrible! ¿Seré tonto? ¿O es que no merezco ser emperador? ¡Resultaría espantoso que fuese así!».

-¡Oh, es bellísima! -dijo en voz alta-. Tiene mi real aprobación-. Y con un gesto de agrado miraba el telar vacío, sin decir ni una palabra de que no veía nada. Todo el séquito miraba y remiraba, pero ninguno veía absolutamente nada; no obstante, exclamaban, como el Emperador:

-¡Oh, es bellísima!-, y le aconsejaron que se hiciese un traje con esa tela nueva y maravillosa, para estrenarlo en la procesión que debía celebrarse próximamente.

-¡Es preciosa, elegantísima, estupenda!- corría de boca en boca, y todos estaban entusiasmados con ella. El Emperador concedió a cada uno de los dos bribones una Cruz de Caballero para que las llevaran en el ojal, y los nombró Caballeros Tejedores.

Durante toda la noche que precedió al día de la fiesta, los dos embaucadores estuvieron levantados, con más de dieciséis lámparas encendidas. La gente pudo ver que trabajaban activamente en la confección del nuevo traje del Emperador. Simularon quitar la tela del telar, cortaron el aire con grandes tijeras y cosieron con agujas sin hebra de hilo; hasta que al fin, gritaron:
-¡Mirad, el traje está listo!

Llegó el Emperador en compañía de sus caballeros más distinguidos, y los dos truhanes, levantando los brazos como si sostuviesen algo, dijeron:
-¡Estos son los pantalones! ¡La casaca! ¡El manto! ...Y así fueron nombrando todas las piezas del traje. Las prendas son ligeras como si fuesen una tela de araña. Se diría que no lleva nada en el cuerpo, pero esto es precisamente lo bueno de la tela.

-¡En efecto! -asintieron todos los cortesanos, sin ver nada, porque no había nada. -¿Quiere dignarse Vuestra Majestad a quitarse el traje que lleva -dijeron los dos bribones-, para que podamos probarle los nuevos vestidos ante el gran espejo?

El Emperador se despojó de todas sus prendas, y los pícaros simularon entregarle las diversas piezas del vestido nuevo, que pretendían haber terminado poco antes. Luego hicieron como si atasen algo a la cintura del Emperador: era la cola; y el Monarca se movía y contoneaba ante el espejo.

-¡Dios, y qué bien le sienta, le va estupendamente! -exclamaron todos-. ¡Qué dibujos! ¡Qué colores! ¡Es un traje precioso!
-El palio para la procesión os espera ya en la calle, Majestad -anunció el maestro de ceremonias.

-¡Sí, estoy preparado! -dijo el Emperador-. ¿Verdad que me sienta bien? -y de nuevo se miró al espejo, haciendo como si estuviera contemplando sus vestidos.

Los chambelanes encargados de llevar la cola bajaron las manos al suelo como para levantarla, y siguieron con las manos en alto como si estuvieran sosteniendo algo en el aire; por nada del mundo hubieran confesado que no veían nada.

Y de este modo marchó el Emperador en la procesión bajo el espléndido palio, mientras que todas las gentes, en la calle y en las ventanas, decían:

-¡Qué precioso es el nuevo traje del Emperador! ¡Qué magnífica cola! ¡Qué bien le sienta! -nadie permitía que los demás se diesen cuenta de que no veían nada, porque eso hubiera significado que eran indignos de su cargo o que eran tontos de remate. Ningún traje del Emperador había tenido tanto éxito como aquél.

-¡Pero si no lleva nada! -exclamó de pronto un niño.

-¡Dios mío, escuchad la voz de la inocencia! -dijo su padre; y todo el mundo empezó a cuchichear sobre lo que acababa de decir el pequeño.

-¡Pero si no lleva nada puesto! ¡Es un niño el que dice que no lleva nada puesto!
-¡No lleva traje! -gritó, al fin, todo el pueblo.

Aquello inquietó al Emperador, porque pensaba que el pueblo tenía razón; pero se dijo:

-Hay que seguir en la procesión hasta el final. Y se irguió aún con mayor arrogancia que antes; y los chambelanes continuaron portando la inexistente cola.

Reflexionemos sobre el cuento: Los sistemas de creencias existen en un gran número de culturas, y nos dejan ver de una forma muy poderosa e impactante la sinrazón a la que pueden llevar nuestro ego caracterizado en esta oportunidad por el deseo de apariencia, el miedo y la falta de criterio propio.

Estar consciente y mantener la conciencia despierta permitirá que mantengas controlado el ego, cuando crees en ti, estas convencido de ti, tienes respeto por ti mismo, por los demás y tu autoestima es adecuada, jamás cederás a la voz del ego. Somos mucho más de lo que creemos ser.

Cuando el ego reprime nuestra intuición

Si el ego es quien reprime tu intuición, debes caracterizarte por ser una persona que no te gusta arriesgar mucho por miedo a fracasar, te quedas en una zona de comodidad y confort, dominada por la rutina alimentada con tu falso "yo" de halagos y aceptación.

El terreno conocido será tu hábito de vida, un sitio donde te aceptan. No querrás arriesgar en lo desconocido por miedo de recibir rechazos o críticas y serás una persona perfeccionista.

Ahí vemos como las personas se visten de una falsa seguridad disfrazada, cuando la persona recibe críticas, no es aceptada y no se le reconoce, la máscara se cae y nos podemos dar cuenta de que en realidad no es quien pensábamos.

Según el ego, tu identidad depende de lo que los demás piensen de ti, por eso es tan importante no dejar que domine tu vida, porque si no serás como una hoja que se mueve al son del viento en base a lo que recibas de la sociedad.

Muy contrariamente a una persona que tiene una autoestima verdadera y adecuada no tiene miedo a explorar lo desconocido, porque las desaprobaciones de los demás las aceptan y no le molestan, aprovecha para aprender de cualquier situación, pues las ve como oportunidades de mejoras, sin dañar su valía personal.

Es importante que seas capaz de ver, que todas esas necesidades de aceptación exterior no son más que ilusiones, fantasías que tu ego te ha creado para que seas aceptado. Son entonces las ilusiones, producidas por el ego quien nos separa de nuestra realidad a aceptarnos tal y como somos. Nadie puede escapar de las ilusiones al menos que las examine, y el no examinar es una manera de negación a ver que estamos invadidos por nuestro ego.

Todo lo contrario, cuando prestas atención a esas ilusiones que provienen de nuestro sistema de pensamientos de una forma determinada, reconocerás, entonces que estás listo para desvanecerlo, porque te habrás dado cuenta de que realmente no es necesario para la verdad de tu existencia.

Esto requiere de mucha paciencia y tolerancia con nosotros mismos, porque lo que buscamos es en realidad nuestra verdad que va más allá de él. ¿Habrá otra manera que uno pueda disipar las ilusiones, o solo se hace mediante la exanimación directa de ellas sin protección?

Deja el miedo, pues lo que te deja ver una ilusión es la fuente de ese miedo por lo tanto no es real. Así, todo supuesto de la separación radica en las creencias de que el ego como tal tiene el poder sobre nosotros. Por ello, al examinar nuestro ego, estamos examinando también nuestras ilusiones. Y como la ilusión carece de realidad deja de tener efecto alguno sobre nosotros.

El tener claro en nuestra conciencia que es el ego, desvanece su propia autonomía, la cual consistía en vernos separados, creernos autosuficientes e independientes de cualquier poder que no fuese el suyo propio.

El ego es entonces realmente una idea, que proviene de una ilusión, producto de nuestras creencias y propio estado de nuestra mente. Como te lo he planteado anteriormente, el propósito del ego es generar miedo, y si el ego es el símbolo de la separación y la división, entonces también este se identifica con la culpabilidad.

Entonces si te identificas con tu ego, también te identificaras con tu culpabilidad, por lo que tendrás temor a ser castigado, de allí, que ambos representan un concepto ilusorio. Por tales motivos es necesario que despiertes tu consciencia, así todo lo que aceptas en tu mente se convierte en una realidad para ti, es nuestra mente que se encarga de generar o reproducir realidades o ilusiones.

Escoger lo que queremos tener depende de cada uno, y esto quiere decir que tenemos que sabernos abundantes, tal como lo plantea un *Curso de Milagros*, este establece que el amor es todo lo que es, y éste es abundancia; así también señala cómo la oscuridad es falta de amor, y la carencia proviene de una ilusión.

Somos nosotros pues quienes generamos ese desamor y oscuridad, desde el momento que nos percibimos separados del todo.

Esa es la caída, es la ilusión de separación producida por el velo de nuestro olvido, el cual nos ha encarcelado en la prisión del miedo, constituye un engaño a nosotros mismos como una negación de curarnos a nosotros mismos, por eso para curarnos del ego, debemos liberar nuestro miedo, y eso se realiza creyendo en nuestra propia verdad, haciéndonos responsables de todo aquello que pensamos, de modo que nuestras acciones son el resultado de nuestros pensamientos.

Liberarnos del miedo, nos libera también de esa enseñanza magistral que nuestros ancestros han dejado en cada uno de nosotros, y una de esas frases mas cotidianas, que escuchamos y nos decimos: "somos pecadores", lo que nos ha originado una vida emocional y psicológica caracterizada por angustias, que han venido transcurriendo de múltiples generaciones, hasta el punto de que hasta el día de hoy las personas están convencidas de ello.

Por lo tanto, si queremos soltar nuestros miedos, es importante que cambies tu mentalidad y no tus comportamientos, porque toda verdad está en nuestro interior y en nuestra mente. De allí, que ese cambio de mentalidad depende de ti, eres el único responsable de esos cambios.

Solo tu mente es capaz de producir el miedo, y eso sucede también cuando entramos en conflicto con lo que quiero y hago, lo que genera mucha tensión, porque podemos ver claramente la disociación entre lo que realmente quiero y hago.

También hay otros malestares que nos genera el ego como ilusión en nuestra intuición; es que nos hace desperdiciar nuestra mente con pensamientos de victimismo, pobreza y muerte, en definitiva, piensas y crees estar en un mundo pobre y mezquino, y entonces eso es lo que recibes, porque esa es tu creación y es tu poder divino quien manifiesta lo que crees.

No puedes perdonar, porque has creído que tu hermano te ha privado de algo, crees que te pueden herir sin que tú lo puedas evitar.

No sabes que eres tú quien tiene el poder de crear tu vida. Solo tu escoges lo que piensas en cada circunstancia, y del pensamiento que escojas se derivan los sentimientos que se apoderarán de tu corazón, si son de temor o de amor así resultara tu vida, porque eres el creador de ella.

¿Qué otras posibles causas han hecho que el ego aun siga presente en nuestras vidas? El ego sigue cobrando su autonomía, en nuestra forma de pensar para la actualidad y aún sigue cobrando fuerzas, aún más desde que *René Descartes*, filósofo y cientificista, con su discurso del método que influenció durante el siglo XVII, manifestó que el conocimiento científico se basaba en causa y efecto, y que todo era separación y no unión ni integración, que el hombre está separado por cuerpo y mente, situación que generó que muchas ciencias de esa actualidad, dejaran de ver al hombre como una totalidad, y lo llevaron a la mínima unidad de la simplicidad basado en el método cartesiano desarrollado bajo la física mecanicista de *Newton*.

Descartes igualmente creía que la geometría representaba el ideal de todas las ciencias y también de la filosofía. Mantenía que sólo por medio de la razón se podían descubrir ciertos universales, verdades evidentes en sí, de las que es posible deducir el resto de contenidos de la filosofía y de las ciencias.

Revelaba que estas verdades evidentes en sí eran innatas, no derivadas de la experiencia. Todo ello, contrario a la nueva realidad de este siglo XXI, donde la física de *Einstein* o Física Cuántica, y todo el conocimiento científico de la actualidad han podido demostrar que el hombre como tal es una unidad, es multidimensional, es pluripolar, es una totalidad, es amor, energía, luz y que somos una verdad, la cual está en cada uno de nosotros que forma parte de nuestra espiritualidad.

Por tales señalamientos, ese postulado teórico de *René Descartes*, es necesario replantearlo, pues actualmente existen evidencias científicas, por parte de la *Dra. Candace Pert* que argumentan que la mente, el espíritu y las emociones están unificadas con nuestro cuerpo en un sistema inteligente que dirige lo que llamamos vida.

Es decir, que el conocimiento de la física cuántica puede ser uno de los medios que podemos utilizar para minimizar la autonomía del ego. La física cuántica como ciencia nos ofrece ver al hombre como una totalidad, bajo una condición holística e integradora, y en todas sus posibilidades. Contempla aquello que no se ve y explica los fenómenos desde lo no visible. Contempla lo no medible y las tendencias.

Además, esta considera que la conciencia está envuelta, el observador no puede ser ignorado. Es por ello que, si nos damos el permiso de reconocer que es lo que realmente pretende nuestro ego con cada uno de nosotros, podemos reconocer la falsedad y nos permitiremos vivir una vida abundante de paz, amor y prosperidad.

No continuemos mirando los fragmentos de nuestra totalidad miremos en un todo, el todo suma más que las partes, y de esta forma descubriremos nuestra totalidad, descubriremos el amor, la luz, la divinidad, la unión, el compartir, la humildad, la paz, la emocionalidad y todo lo positivo que queremos ver.

Las limitaciones no son reales, sino consecuencia de creernos separados. Es por ello, que no necesitas de nada de lo que el ego te ofrece, para ser feliz y estar despierto conscientemente; lo único que necesitas es que te sumerjas en la sencillez y humildad. No pretendas ser más, ni creas que eres menos, porque al final de todo, todos somos iguales.

Nuestra esencia interior no es tan complicada, elimina de tu vida las culpas y asume la responsabilidad. Las exigencias, el perfeccionismo, la necesidad de ganar o de tener razón, tienen detrás de sí comportamientos de miedo a ser rechazados; mientras que la avaricia puede representar carencias en tu vida.

Opta por el disfrute de las pequeñas cosas, aprecia la belleza de la vida, obséquiate con satisfacciones personales. Recuerda que el ego si no lo haces consciente te puede encarcelar y hacer vivir una vida miserable, pero cuando lo identificas mediante una consciencia despierta, aprendes a manejarlo, y podrás disfrutar entonces una vida plena.

Debemos para ello identificar cuando te habla el ego y cuando la intuición, es sencillo. Debes despertar tu consciencia para que lo puedas identificar, este se caracteriza por mostrarte tu verdad a través de mensajes negativos hablándonos muy fuertemente hasta el punto de que hace reprimir nuestra intuición, nos muestra pensamientos de carencias y limitaciones.

Mientras que, cuando la intuición nos habla, esta nos envía mensajes positivos llenos de paz y armonía, trae mensajes sin miedo y sin sentimientos de culpa, y además nos hace sentir que somos valiosos y que estamos vivos.

Nos enseña también a desprendernos de todo lo que la sociedad nos ha dicho que somos. Tú no eres lo que la sociedad dice que eres, porque nadie sino tú puedes saber quién eres; ni tus padres, amigos, hermanos, parejas, ni nadie salvo tú mismo puede penetrar en la intimidad de tu ser, nadie sabe nada de ti, y todo lo que te han dicho de ti es completamente falso.

Nasrudin, un mercader solía cruzar la frontera todos los días, con las cestas de su asno cargadas de paja. Como admitía ser un contrabandista cuando volvía a casa por las noches, los guardias de la frontera le registraban una y otra vez.

Registraban su cuerpo, filtraban la paja, la sumergían en agua, e incluso la quemaban de vez en cuando. Mientras tanto, la prosperidad de Nasrudin, aumentaba visiblemente. Un día se retiró y fue a vivir a otro país, donde, unos años más tarde, se encontró uno de los aduaneros que le revisaban en aquellos tiempos.

- Ahora me lo puedes decir, Nasrudin, ¿Que pasabas de contrabando, que nunca pudimos descubrirlo?

- Asnos - contesto Nasrudin.

El hecho que una persona piense según unas pautas determinadas y no pueda adaptarse a un punto de vista muy diferente, le hace perder gran parte del sentido de la vida. Puede vivir, incluso progresar, pero no puede comprender lo que ocurre.

La intuición, nuestra voz interior

Darte el permiso para escuchar tu intuición, es saber escuchar tu voz interior desde un punto de vista consciente, distinguirla es un don que nos otorga el despertar de nuestra consciencia, la cual es de gran utilidad para compenetrarte contigo y dejarte guiar por el aspecto de ti mismo que tiene acceso al mundo espiritual.

Esa voz interior, te lleva a que te aceptes tal y como eres para entrar en el presente, pues tu mente deja de estar en conflicto. De este modo destapas el canal de comunicación que te conecta con tu guía interior. Al comprender que dentro de ti están las respuestas, comienzas a reforzar la relación contigo mismo y a escuchar más atentamente lo que tus pensamientos y lo que tus emociones te quieren mostrar.

El escuchar tu voz interior permite que, al dejar de sacar conclusiones prematuras sobre el porqué de las cosas, puedas descubrir las bendiciones que los retos y dificultades ocultan. Te conviertes en el observador de tu vida, en vez de su juez. Comienzas a desarrollar tu intuición y a usarla como el radar que te muestra sabiamente el propósito de los sucesos. Mantener tu mente abierta, es la ruta que te lleva a experiencias de armonía, prosperidad y paz.

De igual forma, el escuchar tu intuición supone dejar de escuchar la voz de tu ego o mente conflictiva que te señala las alternativas de limitación y que te indica que no eres capaz de alcanzar los objetivos que te ofrece una vida armoniosa y feliz.

Al no entretenerte con estos pensamientos de temor, permites a tu mente trabajar proactivamente y atraer las condiciones requeridas para manifestar los ideales internos. Por ello, al escuchar tu intuición, consigues activar tu fe en los milagros y te permite aceptar que en ti reside una fuerza interior que opera en tu vida de modos desconocidos y maravillosos.

Compartiendo mis vivencias en el plano personal, te comento que desde hace muchos años por no darme el permiso de escuchar mi voz interior me encontraba realizando trabajos que no me satisfacían, y muy mal remunerados, a pesar de tenerlo todo, entre ello, varios niveles educativos, pero el más importante no lo tenía que era el título de confiar y creer en mí mismo, porque esos eran los mensajes que había recibido de mi padre pues él era una persona que vivía comparándome con mi hermano, y siempre me decía que yo no serviría para nada, sumado a eso se le agregaba el sin fin de maltratos físicos, verbales y psicológicos del cual yo era un blanco de descarga de su ira, pues bien eso era lo que yo creía que estaba bien y por lo tanto, era "merecedor" de esa situación.

Por elegir no escuchar mi intuición en esos momentos de mi vida, genere estancamientos en mi vida desde el punto de vista laboral, y la excusa para quedarme en esa zona de confort, era que siempre estaba estudiando, que no tenía tiempo para nada, complacía a terceras personas, a pesar que quería cambios en el fondo pero mis actuaciones no eran nada correspondientes para el logro de esos resultados.

Por lo tanto, la voz de nuestro interior llamada intuición te puede conducir a un reencuentro contigo mismo, a descubrir que la felicidad, la paz y la abundancia ya se encuentran en ti. Seguir tu intuición empieza con una decisión, el despertar de la consciencia, el cual es un proceso lento pero gratificante que requiere de mucha tolerancia y amor propio, esa negación de escuchar nuestra voz interior se viene reprimiendo desde hace muchísimos años, así para algunos escuchar nuestra voz interior significaba cosas muy bobas, para otros era cuestión de demencias o locuras.

Claves para reconocer la voz interior

Reconocer tu voz interior depende de tu elección, recuerda "somos lo que elegimos ser". Somos nosotros quienes controlamos nuestros pensamientos y nuestra mente, el control de ellos no depende de nadie solo de ti.

Date la oportunidad de reconocer tu voz interior a través de los siguientes enunciados; ninguno va en un orden especifico, ni tampoco debes de cumplirlos todos, eres libre de elegir.

1. *Presta atención a las señales que aparecen en tu vida, esas señales te traen mensajes y estos pueden manifestarse en ti a través de tus sueños, personas, libros, revistas, películas, o cualquier otro medio. Tal como me ocurrió a mí, a través de los sueños.*

2. *Observa las voces que hay dentro de ti y aprende a distinguir la voz que te guía. Escucha las certezas que emanan de tu ser.*

3. *Afirma cada día que quieres vivir en contacto más íntimo con tu voz interior y considérate merecedor de recibir las respuestas que necesitas.*

4. *Se consciente que eres un canal creativo y estás constantemente recibiendo.*

5. *Reconoce tu capacidad de recibir.*

6. *Dedica un tiempo a escuchar.*

7. *Pregunta desde tu corazón.*

8. *Cultiva la intención y la paciencia y encuentra un lugar adecuado para conectar con tu sabiduría interior, cada día.*

Descubrí uno de los propósitos en mi vida, cuando me atreví a escuchar.

Capitulo IV

Desaprender lo aprendido
¿Cómo lograrlo?

Si queremos transformar nuestras vidas, entonces elijamos transformar nuestros pensamientos, ellos nos limitan o nos liberan. ¡Elijo estar libre!

Nuestra programación. Un verdadero encuentro personal.

En nuestra vida los paradigmas son creencias equivocadas que son parte de nuestra programación generacional (de padres a hijos como por ejemplo), y ejercen un dominio muy fuerte sobre nuestra mente y en nuestras vidas. Deshacerse de esos modelos mentales es una de las tareas más demandantes que una persona puede enfrentar, pues cuando se concibe una idea como verdadera se genera un apego interno tan poderoso que mover esa información en lo profundo de la mente inconsciente lleva un tiempo considerable, pero no imposible de lograr. Estos paradigmas cuando son limitadores o negativos convierten a las personas en sumisas y temerosas en muchos aspectos de su vida.

Por ello, es necesario realizar una limpieza mental de nuestras creencias, permitiéndonos liberar nuestra mente de frenos y obstáculos, para así avanzar hacia una verdadera libertad y calidad de vida. De este modo, las creencias son en realidad, un conjunto de pensamientos habituales que actúan a modo de rutina o patrón y nos pueden liberar o limitar. Estas también son consideradas juicios y evaluaciones aprendidas sobre nosotros mismos, sobre los demás y sobre el mundo.

En ese sentido, una creencia es el sentimiento de certeza sobre el significado de algo. Es una afirmación personal que consideramos verdadera, que muchas veces afecta la percepción que tenemos de nosotros mismos, de los demás, de las cosas y situaciones que nos rodean, lo que conlleva a que muchas personas piensen, que sus creencias son únicas y el mundo se debe mover según ellas, considerándolas términos universales ciertos por lo que esperan los demás las compartan.

Contrariamente, no se dan cuenta que el sistema de creencias y valores es algo exclusivamente personal y en muchos casos muy diferente al de los demás. Por ello es importante considerar, que lo que vivimos "tal como lo vivimos", depende más de la representación y elaboración de nuestro mapa mental, que del territorio "real" en sí. Por lo tanto, el mapa no es el territorio.

Es decir, si nuestras creencias están constituidas en un porcentaje elevado por pensamientos limitadores, como, "no soy capaz", "no puedo hacerlo", entre otros; ésta será nuestra realidad sin lugar a dudas. Si, por el contrario, nuestras creencias están repletas de pensamientos e ideas positivas, de ilusión, de nuevas posibilidades, como "soy capaz", "puedo lograrlo", ésta será también nuestra realidad.

Nuestra vida, entonces está basada en un sistema de creencias, porque cada uno construye un mundo según sus experiencias, lo cual se manifiesta en nuestra vida como forma de vivir.

Por lo tanto, no creas todo lo que la gente te diga, ni lo que veas en la televisión, ni lo que mires o suceda a tu alrededor. Cree en lo que te diga tu intuición y no en tu mente racional, cree en tu poder interior que te guiará a tomar decisiones correctas y armoniosas, cree en todo lo que puedas hacer sabiendo que tienes el poder de escoger libremente. ¡Cree en ti!

Indudablemente, creer en ti te ayudará a despertar tu consciencia, porque hasta no hace mucho la tenías dormida, dando oportunidad a que tu vida fuera manejada por tu ego, te encontrabas en la inconsciencia y no lo sabías, no te habías dado cuenta de ello; lo que muchas veces te hacía sentir culpable de las cosas que elegiste vivir.

De cada una de las decisiones que tomaste y todo aquello que tenías de forma material, lo habías creado inconscientemente tú mismo, pero te repito, nadie es culpable de lo que te sucedió o de lo que hiciste o dejaste de hacer; porque te habían programado inconscientemente.

La programación inconsciente existe, es simplemente el cumulo de información que esta almacenado en tu memoria durante tu vida y eso hace que reacciones y seas tal y como habías sido hasta ahora.

Pero eso no eres tú, eso es sólo información registrada que puedes cambiar por otra nueva información que si puede ayudarte a seguir tu camino hacia la iluminación.

Pero ¿Quienes pudieron haberme programado? Todo eso comienza desde la concepción con nuestros padres, quienes te formaron desde un punto de vista inconsciente porque para ese momento, era lo que tenían en su conciencia, conocimiento y entendimiento.

Te dijeron como tenía que ser tu vida, como tenías que comer, como vestirte, sentarte, como debía ser tu educación, tu disciplina, hasta que amigos debías tener, como serian tus relaciones de pareja, entre otras cosas. Y así también tus abuelos programaron a tus padres y tus bisabuelos a tus abuelos y así sucesivamente hacia atrás.

También, en esa programación de nuestros pensamientos participaron familiares que te rodean, amigos, maestros, compañeros de la escuela, e instituciones educativas, sociales, y recreativas, los medios de comunicación.

En fin, todo lo que estuvo a tu alrededor pudo formarte (programarte) y por ello, ahora eres quien eres. Pero todo eso lo puedes transformar a partir de este momento, puedes empezar a vivir tu propia vida, escoger lo que realmente quieres ser con tus propias decisiones, porque te recuerdo que tienes libre albedrío de elegir lo mejor para ti.

Ahora que ya sabes lo anterior, es importante que te digas a ti mismo: "Transformo mi vida" Dilo a tu verdadero Ser, tu Ser Superior, que eliges ser feliz y vivir conscientemente el presente. Dándote lo mejor, amándote a ti y a todos los que te rodean; de corazón, sin máscaras, totalmente transparente, porque el temor se ha ido de tu vida y ahora vives con la confianza que todo está bien.

Solo recuerda que: Tú mismo estás creando todo lo que te rodea. Enfoca toda tu atención y tu esfuerzo en lo que quieres y anhelas, porque todo es energía y tus pensamientos deben estar enfocados en lo que sí deseas. Debes y mereces darte la oportunidad de crecer como ser el humano integral que eres, necesitas reencontrarte con él.

Es decir, todo lo que seas capaz de creer se convierte en tu realidad. Pues ahora sabiendo esto, es muy importante empezar a trabajar para adecuar nuestras creencias a lo que queremos vivir y, como por arte de magia, nuestra vida se irá transformando. No son las hormonas ni los neurotransmisores producidos por los genes los que controlan nuestro cuerpo y nuestra mente; son nuestras creencias los que los controlan según el autor, *Bruce Lipton*.

Este autor, también señala que nuestras creencias actúan como los filtros de una cámara, cambiando la forma en la que ves el mundo. Y tu biología se adapta a esas creencias.

Cuando reconozcamos de una vez por todas que nuestras creencias son así de poderosas, estaremos en posesión de la llave a la libertad. *Gandhi* señaló lo siguiente: *"tus creencias se convierten en tus pensamientos, tus pensamientos se convierten en tus palabras, tus palabras se convierten en tus actos, tus actos se convierten en tus hábitos".*

¿Cuál es la tarea ahora que sé que las creencias controlan mi mente y mi vida? Transformar esas creencias limitativas en creencias positivas y eso se logra afirmando positivamente tus pensamientos o creencias, ya que la mayoría de las veces afirmamos, pero desde un punto de vista negativo, y la idea es cambiar esas negaciones por afirmaciones positivas, como por ejemplo: "Me entrego a la magia de lo inesperado y descubro lo hermoso de lo oculto entre lo cotidiano"; "la vida me da todo lo que Dios y el Universo han dispuesto para mí porque soy merecedor de esas bendiciones", "celebro la vida, vivo feliz, y celebro el milagro de la vida porque es un regalo bendito de Dios".

"Pienso en positivo, activo mente y corazón; me concentro en la abundancia que hay en mi vida, porque mis palabras, sueños y pensamientos tienen el poder de crear condiciones en mi vida", "libero los sentimientos de carencia y la limitación y acepto con alegría las bendiciones de amor, riqueza y abundancia porque me lo merezco", "me relajo y tranquilamente disfruto de la presencia de Dios, porque siento que su amor es universal y está disponible para mí".

¿Cómo reconocer una afirmación negativa? Escúchate de forma constante, las afirmaciones negativas van cargadas de mensajes negativos como por ejemplo: "no soy quien para lograr esos objetivos", "no me merezco esa pareja que tengo", "no podré hacer esas actividades porque mi cuerpo no me lo permite", "soy un ser que carezco de talentos, no sirvo para nada", "mis familiares siempre me abandonan", "nadie se fija en mi", "no soy el padre o la madre adecuado para mis hijos", "soy un líder que no merezco estar donde estoy".

Este tipo de pensamiento lo afirmamos tanto, y queda grabado en el inconsciente de un modo que llegamos a convencernos de ello, y son los pensamientos que en las consultas y talleres escucho con frecuencia de parte de mis pacientes y participantes, incluso en reuniones sociales.

Entonces de acuerdo con mis pensamientos y el papel de las afirmaciones, el inconsciente juega un papel importante en la vida ya que es el inconsciente quien acepta cada una de las ordenes sin ningún tipo de cuestionamientos que la mente consciente le ordena, por lo tanto, esta no puede discernir si es bueno o es malo, simplemente actúa según las ordenes y pensamientos que reciba.

La mente inconsciente se halla en actividad incesante, cuando tú estás despierto o dormido, controlando así cada una de las funciones vitales de nuestro cuerpo sin la ayuda de nuestra mente consciente. En ella se almacenan cada una de nuestras creencias tanto las limitativas como las potenciadoras, al igual que los hábitos (nuestras rutinas).

Este tipo de mente aprende a través de repeticiones y afirmaciones tanto positivas como negativas. Por ello, ante la disposición de transformar tu vida, debes saber, cual es el papel que cumple tu inconsciente.

Despertar nuestra consciencia, permite modificar nuestra estructura de pensamiento desde la verdad de cada uno de nosotros guardada en nuestro interior, camino hacia la escucha de nuestra intuición, y desaprender cosas del pasado e integrar nuevas cosas que sean realmente positivas. Para ser una nueva persona, es necesario pensar como la persona nueva que quieres ser realmente.

Para reprogramar tu mente subconsciente debes poner mucha atención a los pensamientos conscientes que saturan tu mente día a día, trabajando con ahínco para convertirte en la persona que deseas ser. Recuerda que ninguno nacimos con pensamientos negativos; por tanto, elijamos programar nuestra mente inconsciente con pensamientos que traigan vida y podremos modificar todos los patrones negativos que se encuentran dentro de nosotros.

Despertar para soltar las creencias limitativas.

Para soltar creencias negativas es necesario que trabajemos nuestra conciencia, para poder ver las cosas desde otra perspectiva y con una intención positiva. Por lo tanto, despertar implica una liberación de todas aquellas ideas, conceptos relacionados con nuestros talentos.

¿Quién soy realmente?, ¿de qué soy capaz o incapaz?, ¿cuál es el trabajo que me corresponde hacer? ¿cómo debo manejar mi dinero?, ¿cómo debe ser mi éxito?, ¿qué características debe tener mi pareja?, ¿qué es en verdad la salud y el sexo? en fin, cosas que pensábamos eran parte de nuestros valores y principios, y que ya no se corresponden con nuestras realidades de vida, pero estaban grabadas en el inconsciente.

Soltar implica también, abrirnos a recibir y a crear una nueva visión de nuestro mundo, y que éste sea acorde con los nuevos propósitos de la vida que queramos emprender.

Por lo tanto, debe ser un trabajo diario y continuo, para que esos nuevos esquemas positivos fortalecedores de pensamientos puedan sustituir esos viejos pensamientos negativos limitadores.

Así mismo, al soltar nuestras viejas creencias, no libera de las ataduras de este mundo material que, aunque sea el único que podemos percibir con nuestros sentidos tal y como lo valoramos y le asignamos importancia, no nos completa ni brinda esa sensación posible de ser uno con el Universo y nuestro Dios.

Liberar por lo tanto, nos permite adentrarnos en el espacio sutil de aquel que comprendió que su vida va más allá de este plano ilusorio que permitió construirse y levantarse, y del que muchos no pueden ser más que prisioneros, por el sólo hecho de no aceptar que liberando esas viejas creencias limitativas o negativas, todo fluirá.

Así, cuando decides aceptar que en tu inconsciente existen viejas creencias que no te corresponden y decides soltarlas y sustituirlas por una creencia positiva potenciadora, para permitir que todas tus emociones y sentimientos fluyan con naturalidad, te puede generar la aparición de algunos síntomas momentáneos.

Tal como en muchas oportunidades me ocurrió a mí, y ocurre a muchos de los participantes que asisten a mis encuentros de crecimiento personal, quienes han llegado a experimentar en el cuerpo físico fiebres, malestares estomacales, enuresis (orinar en abundancia), descenso de un abundante flujo vaginal, mareos, entre otros síntomas.

Todo bajo una causa emocional cuando confrontamos esos sistemas de pensamientos con la realidad que realmente necesitamos mirar desde el amor. De la misma manera, una vez liberadas las viejas creencias, podrías pasar por otro periodo de adaptación de nuevos pensamientos positivos que podría presentarse con sueños constantes, cansancio, porque tu cuerpo físico está captando y adaptándose a lo nuevo.

Podría darse el caso que, durante el tiempo del despertar de la conciencia no sientas nada, ni veas salida. El despertar de la consciencia y la ascensión es tan natural, como tener un día más, con la única diferencia, que dejarán de afectarte los problemas, a cada problema encontrarás una fácil solución, amarás a quienes te rodean, perdonarás a quien te haga daño. Te sentirás un ser maduro, sencillo, liviano y con gran paz en el interior.

Sentirás también un cambio de vida profundo, en el cual, sólo tú has tenido el poder de lograrlo, porque todo está en tus manos, y llegarás hasta donde tú desees llegar. En fin, cuando nos quitemos las vendas de los ojos, podremos ver nuestra propia luz, podremos escuchar nuestra intuición con más fuerza y es así como brotará nuestro poder interior.

Recuerda que todo esto es un trabajo personal intransferible. En este proceso de soltar tus viejas creencias, se podrán presentar obstáculos propios del mismo ego como miedo, angustia, rabia, resentimiento, tristezas y sentimientos de culpa, pues este proceso no es tarea fácil pero tampoco imposible. Estos sentimientos los podrás vencer fácilmente porque tendrás otra perspectiva de ellos, ya no los verás con el mismo lente, y así podrás dar un salto cuántico contigo mismo.

Herramientas para soltar creencias limitativas.

El soltar las viejas creencias, para darle paso a la nueva forma de pensar requiere de muchas herramientas que a continuación describo:

1.- Conectemos la mente con la lengua: No puedes ir en contra de tus ideas, por lo tanto, es tu mente el vehículo por el cual tú vas a tener un tipo determinado de vida. La paz se consigue cuando somos capaces de unir la mente con lo que decimos y lo que hacemos. La verbalización, es darle fuerza al pensamiento, convertir en sonido la idea.

La palabra es tremendamente poderosa, el verbo se convierte en acción, puedes comprobarlo prestando atención a tu forma de hablar, al modo como te comunicas con los demás, a lo que dices en tu proceso de comunicación.

Es importante tomar conciencia, porque eso puede cambiar nuestra vida. Puede cambiar desde el momento, que puedes localizar esos pensamientos que van contra tu propia libertad.

Por eso concéntrate y date la oportunidad de escucharte cuando hablas, y te darás por enterado que cosas estarás diciendo, igualmente te puedes grabar y luego escucharte, si eliges esta técnica de grabación, hazte cuenta que nada anormal está sucediendo durante la grabación, y cuando estés relajado, ubícate en un lugar cómodo donde puedas escuchar lo que grabaste.

Recuerdo que cuando me inicie en este proceso de "conectar la mente con la lengua", así le llamo, éste me llevo a reflexionar sobre lo rápido que hablaba, muchas veces las personas no me escuchaban porque yo no sabía explicarme, y muchas personas también me preguntaban al final del discurso si estaba nervioso.

Total, hablaba para "no escucharme ni que me escucharan". Igualmente, así escribía (debo decirte que me place que este libro haya sido escrito después de hacer consciente este proceso).

Desde que aprendí esta herramienta, mi comunicación es más fluida, explicativa, sin tensión y consciente, permitiéndome evaluar lo que voy a comunicar.

Con la práctica, esta forma de comunicación queda grabada en el inconsciente hasta que la comunicación será tan consciente que mientras hablas te estarás escuchando en toda tu totalidad. Así que esto es un trabajo diario.

2.- Las afirmaciones: esta es otra herramienta maravillosa de gran utilidad para soltar las viejas creencias o pensamientos negativos y crear nuevas realidades positivas. La autora *Louise L. Hay*, señala que una afirmación es un punto de partida que nos abre el camino hacia el cambio.

Por lo tanto, una afirmación es un pensamiento positivo escogido conscientemente y grabado en nuestra mente mediante el proceso de la repetición, a fin de producir un resultado nuevo y deseado en nuestra vida. A través de la repetición, puedes alimentar tu mente con pensamientos positivos y conseguir tu meta deseada.

Ya que creer es crear, todo aquello en lo que enfocas tu mente lo crearás, tarde o temprano. Recuerda que la razón está al servicio de nuestro interior y la alegría del interior está al servicio de la salud integral del ser.

Cuando la mente está positiva y expansiva, nuestro interior está alegre y esta alegría es la que riega vitalidad a nuestros cuerpos y celebración a nuestra vida.

El libro *Curso de Milagros* dice: "todo pensamiento negativo es un ataque a Dios" (Recordemos que Dios está en mi...yo soy su imagen y semejanza) y sugiere llevar a cabo el proceso de "deshacer y rehacer", es decir evolucionamos cada vez que afirmamos, puesto que somos entes dinámicos y/o estáticos, somos entes de cambios. Por eso es importante saber si estamos en nuestro proceso de liberar viejas creencias para darle paso a otras nuevas, considerar que el uso repetido de una afirmación es un proceso que progresivamente se irá grabando en tu mente y simultáneamente irá borrando el antiguo patrón de pensamiento negativo, produciendo con firmeza y solidez los cambios deseados en tu vida.

No tienes idea de cómo unas simples afirmaciones pueden conseguir que cambie nuestra forma de vida, es normal que esta afirmación te genere ruido pues aún no sabes la técnica, pero tu mente ya está poniendo resistencia, el solo hecho de pensar en cambios, en algo nuevo, desconocido, diferente, aunque sea para mejorar y ser más feliz inconscientemente te asusta, te da miedo.

Nuestra mente es así, no le gustan los cambios. Además, cuando cambia tu forma de pensar, cambia tu forma de sentir y actuar. Por tanto, la mente la podemos educar para dejar de enfocarnos en aspectos negativos, que lo único que hacen es atraer esa negatividad a nuestras vidas.

¿Podrá haber algo que me cause ese miedo a ver los beneficios que me ofrece el pensar positivamente a través de las afirmaciones? Si efectivamente, el salir de nuestra zona de confort, ya que esa zona, es todo aquello que ya conocemos y la tenemos integrada a nuestras vidas como rutinas, no nos invita a hacer cosas nuevas, que además nos proporciona simplemente comodidad más que otros beneficios.

Por ese hecho, ya pensar en cambios nos asustamos, y muchas veces desistimos de cualquier intento por cambiar, porque como seres humanos en su gran mayoría no nos gusta arriesgarnos, aun sabiendo que obtendremos ganancias.

¿Cómo construir una afirmación? Es muy sencillo, solo debes redactarlas en forma positiva, en primera persona, no deben llevar palabras negativas y deben estar en presente como si tuvieras viviendo la situación.

Estas las puedes escribir, bien sea en cartulinas, las recortas y las pegas en lugares especiales para ti o también las puedes imprimir a computadora, en fin, pon a prueba tu creatividad, tú puedes elegir la forma de hacerlo, hay tantas maneras de hacerlo que hasta las puedes hacer tipo canción.

Una sugerencia que te voy a dar es, si estas inicializándote en esto de las afirmaciones para cambiar viejas creencias o lograr algo en específico que traiga bienestar para tu vida, es importante que su redacción sea lo más sencilla posible, para que a su vez sea fácil de internalizar en nuestro inconsciente.

En mi caso personal yo prefiero repetir mis afirmaciones por las noches antes de acostarme, porque siento que puedo grabarlas mucho más rápido en mi inconsciente, pues en la medida que se van internalizando voy soñando con ellas, y es allí cuando sé que el trabajo se está haciendo.

Acá te dejo unos ejemplos para transformar pensamientos negativos en positivos:

Afirmación o pensamiento negativo	Afirmación o pensamiento positivo
El miedo no me deja vivir.	Sentirme seguro es parte de mi existencia.
Soy un infeliz.	Vivo mi vida con felicidad y alegría.
El amor no es para mí.	Me merezco ser amado porque existo.
Mi salud cada día está peor.	Cada día que pasa mi sanación es más perfecta.
Soy idéntico a mi madre.	Mi madre es mi madre, y yo; soy yo.

Elaboración propia (2017)

Las afirmaciones evidencian que cómo seres humanos y pensantes, tenemos la gran dicha de formular actividades programadas para nosotros mismos, que se conecten con nuestros dones y talentos, con nuestra naturaleza básica y que cambian nuestros sistemas de creencias y pensamientos negativos.

Es decir, al hacer conciencia de nuestros pensamientos, podemos reprogramar nuestra mente, para así soltar las viejas creencias que nos limitaban en la búsqueda de nuestra verdad: Una limitación llena de ego e ilusión.

Es importante también que, si quieres conocer por qué de lo que tu estas buscando y no lo consigues lograr, puedes hacer el mismo ejercicio del cuadro anterior de las afirmaciones, con la única diferencia de agregar una columna más a la derecha, es decir; en vez de dos columnas en esta ocasión serian tres, y esta ultima la utilizarás para identificar o escribir, la respuesta que tu inconsciente te envíe cuando repitas la afirmación positiva. A continuación, un ejemplo:

Afirmación o pensamiento negativo	Afirmación o pensamiento positivo	Respuesta
El miedo no me deja vivir.	Sentirme seguro es parte de mi existencia.	Jamás.
Soy un infeliz.	Vivo mi vida con felicidad y alegría.	Difícil de creer.

El amor no es para mí.	Me merezco ser amado porque existo.	Tal vez.
Mi salud cada día está peor.	Cada día que pasa mi sanación es más perfecta.	Eso es correcto.
Soy idéntico a mi madre.	Mi madre es mi madre y soy yo.	Claro que sí.

Elaboración propia (2017)

Cuando te inicies en este hermoso trabajo de las afirmaciones, para el cambio de creencias, podrás sentir los pensamientos que provocan, el afirmar positivamente pudieran generarnos sentimientos o sensaciones negativas y confusas, como por ejemplo "esto no me lo creo ni yo mismo", y nos cuesta trabajo creerlo e internalizarlo en el inconsciente.

Por ello te pido que tengas mucha paciencia, amor y tolerancia para ti durante este proceso. La realidad es que llevará tiempo asimilar todo este trabajo, el cual depende de cuan convencido estés y que cantidad de veces repitas las afirmaciones, por ello mientras más las repitas más rápidamente nuestro inconsciente las asimilará.

¿Qué pasa en mi mente y en mi vida cuando el inconsciente grabe mis pensamientos positivos? En nuestro inconsciente es donde mantenemos grabadas todas y cada una de nuestras creencias, estas pueden ser limitantes y potenciadoras, al igual que nuestros hábitos. Y estos controlan nuestra vida diaria. Un ejemplo de una creencia limitadora pudiera ser ¨*Seré incapaz de lograr alcanzar el puesto que quiero en mi empresa*¨ o ¨ *He dejado desde hace mucho tiempo de atraer hacia mí relaciones de amor, satisfacción y de felicidad*¨

Lo excelente de hacer las afirmaciones positivas, es que modificamos nuestras creencias limitativas y nuestros hábitos también, lo que cambiará nuestra vida, y significa que necesitamos cambiar o reprogramar nuestra mente subconsciente. Y los cambios se comenzarán a ver.

Yo estoy convencido que el poder de las afirmaciones es inmenso, porque las pongo en práctica de manera constante, y los resultados que he obtenido son sorprendentes.

He podido ver cambios inmensos en mi vida y mi entorno. De allí, comprendí que si quiero que el mundo cambie debo cambiar yo primero, porque al cambiar mi vida, cambia también mi perspectiva al ver las cosas diferentes.

Esto nos hace sentir respeto por nosotros mismos y por los demás, nos damos el permiso de aceptar a nosotros y a los demás tal como somos. Si tu disposición es cambiar, escúchate constantemente, y esas negaciones que salen de tu interior a través de las verbalizaciones, las modifiques por una afirmación positiva.

Existen afirmaciones específicas que generan cambios, además que podemos construirlas basadas en aquello que surgen de tus pensamientos negativos, de tus propias necesidades a cambiar. Hay varios ejemplos que te facilito, y te podrán servir de guía para que formules las tuyas.

También hay muchos autores para consultar *como Louise L. Hay, Patricia Crane y Curso de Milagros,* quienes nos ofrecen un enfoque más amplio sobre las afirmaciones.

Ejercicios de afirmaciones para la nueva vida

- _Soy el único dueño de mis pensamientos._
- _Estoy firme en aceptar los cambios de mi vida_
- _Estoy abierto y receptivo a todo lo que Dios está disponiendo para mí y mi familia. Me doy el permiso de disfrutarlo._
- _Impulso mi vida con la energía que género en el presente._
- _Asumo la responsabilidad de mi propia vida. Soy Libre._
- _Estoy abierto a la sabiduría interior._
- _Me doy permiso para cambiar._
- _Me doy permiso para estar en paz._
- _Voy más allá de las limitaciones de mis padres._
- _Está bien expresar todas mis emociones._
- _Dejo que la Vida fluya a través de mí._
- _Estoy totalmente abierto a un nuevo camino._
- _No tengo nada que perder._

- *Estoy seguro y a salvo cuando expreso mis sentimientos.*
- *Estoy dispuesto a avanzar con soltura.*
- *Soy inmensamente valioso.*
- *Acepto las opiniones o criterios dispares de los míos.*
- *Tengo claro el sentido de mi vida y la dirección del futuro que sigue.*
- *Dejo partir mis viejos pensamientos.*
- *Lo pasado es pasado.*
- *Estoy en paz.*
- *Estoy abierto a nuevas experiencias.*
- *Practico la moderación en pensamiento y acción.*
- *En cada momento soy libre para decidir.*
- *Descubro qué hago mejor, lo hago y disfruto haciéndolo.*
- *Me permito estar conmigo mismo.*
- *¡Tengo una paz inmensa!*
- *Tengo mi interés puesto en el presente.*
- *Entiendo que el camino que recorro es el camino que yo he elegido.*

- *Me siento dichoso porque conozco el amor y soy amado.*

Eliminar los pensamientos negativos, es como sacar la maleza de los pastizales. Si quieres que la hierba buena vuelva a florecer en tus pastizales, debes eliminar la maleza, pues esta evita que tus pastizales florezcan con abundante hierba de bienestar y felicidad.

3.- La técnica del espejo: constituye una efectiva herramienta para soltar los pensamientos limitativos. Esta técnica fue popularizada por *Louise L. Hay* en su gran obra *Usted puede Sanar su Vida*, herramienta para mi aún más vigente que en cualquier tiempo.

El uso del espejo es tan sencillo, pero a la vez tan poderoso, en mi particular, lo empleo de forma continua para mis procesos personales, con mis pacientes y las personas que asisten a mis talleres y conferencias.

Esta técnica realmente nos permite mirar nuestro interior de una forma total que podemos identificar nuestras verdades, creencias, sentimientos y emociones. En el inicio de mi proceso de transformación, en varias ocasiones tuve la oportunidad de aplicar la técnica en mi cuerpo, debo comentarte que es una técnica que toca la sensibilidad del alma.

Puedes pararte frente a un espejo de cuerpo completo, sea con o sin ropa. El propósito de esta técnica es reconocer y aceptar, cada una de las partes del cuerpo en su totalidad, además transformar sentimientos y pensamientos de rechazo, *("no soy inteligente", "No se me comunicar bien", "soy muy bajo de estatura", "no valgo nada", "no podre estudiar soy un bruto", "soy muy delgado", "tengo la cara fea", "nadie me quiere", "nadie se fijara en mi", "no se hacer nada", "todo lo que hago lo hago mal", "si llego a tener hijos ojala que no se parezcan a mi", "no puedo creer que sea capaz de hacer sufrir tanto a mi padre como a mi");* por nuevos pensamientos de aceptación y amor hacia ti mismo.

¿Cómo se experimentan esos cambios? Primero identifica esos pensamientos negativos y limitativos; elabora frases positivas, y repítelas una a una frente al espejo. Así modificas las frases de rechazo por unas nuevas de aceptación y amor.

En mi vida, esos pensamientos y sentimientos de rechazo se fortalecieron desde la niñez, producto que mi padre siempre me decía que yo era el más feo de sus hijos, fue tanta su insistencia que yo estaba convencido de ello. Además del continuo abuso psicológico por parte de él hacia mí y con algunos de mis hermanos.

Gracias a mi trabajo personal y a mis grandes maestros pude perdonarme, igual a mi padre. Comprendí que él estaba haciendo lo mejor que podía, con la consciencia, conocimiento y entendimiento que tenía. En el caso de mis pacientes, con la puesta en práctica de la técnica muchos han podido liberarse de sentimientos negativos, como culpa, rechazo y resentimiento hacia ellos mismos, limitándose a tener buen disfrute de su vida.

Como terapeuta al principio de las sesiones con mis pacientes, recomiendo el uso del espejo, al inicio de la práctica podrás sentir un poco de tensión y nervios, y sentirás temor a lo que podrás encontrar en tu interior, producto del ego y de las programaciones negativas limitantes de las cuales hemos sido víctimas de otras víctimas, pero con la practica sucesiva encontraras grandes oportunidades de mejora.

Sin embargo, frente a esta técnica pueden presentarse limitaciones para ver nuestra verdad y nuestro interior, muchos practicantes frente al espejo son incapaces de decir a sí mismos desde la profundidad de las emociones *"Me amo y me acepto tal como soy"*, *"Me amo a mi mismo"*, *"Me apruebo tal como soy, en mi totalidad"*.

Muchos lloran incansablemente, otros se les hace nudo en la garganta, pues en ese momento vienen a nuestra mente todas las memorias desagradables que tenemos registradas, "nuestros defectos" además de descubrir que tenemos una verdad incontenible frente a nosotros: no hay amor por sí mismo.

Sin embargo, en la medida que las prácticas avanzan podemos superar esos obstáculos, y en esos avances nuestro inconsciente va grabando esos nuevos mensajes positivos, hasta lograr ver frente al espejo magia, grandeza, belleza, seguridad, amor, fortaleza y cambios positivos. Esa será la etapa final por ese momento, de nuestra terapia con el espejo. Esta maravillosa técnica la sigo utilizando todos los días por la mañana al levantarme, voy al baño y me tomo unos minutos para mirarme en el espejo y con una buena sonrisa digo ¨*Hoy será el mejor día de todos tus días*¨, ¨*Estas radiante*¨, ¨*tienes amor para ti y todos los tuyos*¨, ¨*Que bien estoy*¨. Estos son solo algunos ejemplos de cómo cambiar esas creencias negativas por una positivas.

Recuerda, las afirmaciones en positivo, en estado presente, no deben llevar palabras negativas o diminutivas. Debes elaborarlas según tus necesidades de cambio, acompañadas con un tono agradable, gestos de felicidad, con una gran sonrisa en tu rostro, para que sientas como cambia nuestra expresión facial, mental, y actitudinal.

Te recomiendo esta técnica para descargar iras o molestias con otras personas, hablando delante de éste, imaginando que en el espejo frente a nosotros esta la persona con quien nos hemos disgustado, permitiendo aliviar todos esos sentimientos de rabia y frustración.

Igualmente, cuando creas que el mundo se te viene encima, párate frente a un espejo, y repite con una sonrisa bien grande: *todo está perfecto, a partir de este momento me relajo y tranquilamente disfruto de la presencia de Dios y de la Divinidad, porque siento que su amor es universal y está disponible para mí.*

4.- Sesiones grupales: este tipo de actividades son muy satisfactorias, ya que dejan un aprendizaje colectivo en cada uno de los participantes que asisten a este tipo de sesiones pues la gran mayoría de una forma abierta, son capaces de intercambiar con el resto de los participantes del grupo las situaciones que les aquejan.

Además tienen la oportunidad de escuchar orientaciones y sugerencias positivas de otras personas que hayan vivido una experiencia similar, y que la hayan superado de forma satisfactoria.

Si la persona está abierta al cambio, podrá ayudar a modificar su esquema de pensamiento negativo por uno positivo ante esa situación. Además, en esos grupos de apoyo la contención y el ser contenido es trascendental para cada uno de los miembros del grupo, porque el amor colectivo es capaz de mover grandes emociones positivas.

Y en segundo lugar, quienes conforman los grupos, se sienten con un gran apoyo positivo colectivo, donde cada quien contagia al otro bajo un mismo sentir, lo que contribuye en el cambio de nuestro condicionamiento de la mente subconsciente con pensamientos positivos conscientes.

En lo particular, me agrada que mis pacientes siempre acudan a talleres y no se queden solo con la ayuda que a nivel de consulta puedan obtener, porque compartir las vivencias personales con las de otras personas, los hacen fortalecer más en sus procesos de cambios. Y también contribuye a que el proceso terapéutico sea mucho más rápido y sanador.

5.- La lectura: Es una excelente herramienta, para cambiar los viejos patrones de pensamientos negativos. Considero que es insustituible para generar transformación en nuestras vidas.

La lectura como tal, amplía los horizontes del individuo permitiéndole ponerse en contacto con lugares, sociedades, experiencias y tradiciones lejanas a él en el tiempo o en el espacio, esta a su vez, estimula y satisface la curiosidad intelectual y científica de las personas. La lectura constituye una de las vías en este caso más utilizadas para acceder a la información. Leer ayuda muchísimo. Al menos es lo que yo considero, pues me ha dado grandes resultados, eso lo he podido constatar en lo personal.

Desde que decidí despertar mi consciencia y cambiar mi vida, los libros fueron mi punto de partida, me han aportado un cumulo de conocimientos para poner en práctica en mi vida, compartiéndolo con mis pacientes y cercanos.

Si te inicias en la lectura, es preferible que la hagas antes de dormir, porque esta será la hora que el consciente descansará y el inconsciente utilizará algo, de la lectura que hagamos hecho para producir nuestros cambios positivos.

En función de todos esos beneficios, la lectura abre nuevos horizontes y perspectivas, alejándonos de la ceguera selectiva del conocimiento grabada en nuestro inconsciente que controla nuestro pensamiento consciente. La lectura es la clave transcendental para adquirir conocimiento, conducirnos a verdaderos cambios de creencias con nueva programación mental positiva, transformando nuestras vidas.

6.- Hablemos con nuestro niño interior: En nuestra maestría de ser padres, y en la búsqueda de la perfección (para quienes desempeñamos este rol); queremos que nuestros hijos representen según nuestro modelaje la representación ideal del comportamiento y saber hacer. Y es que el manual de ser padres aún no existe porque cada hijo es una dinámica y personalidad distinta; como lo comento en otros capítulos, siempre estamos cambiando.

Lo que muchas veces escapa de nuestras manos es, que en ese proceso de que ellos sean como deseamos, con nuestro modelar, podemos llegar a expresar palabras hirientes que creemos "se olvidarán", pues asumimos que "son niños", olvidando la capacidad que tienen para guardar esas palabras en el inconsciente y, dolorosamente, causan estragos al paso del tiempo.

Al respecto, la Dra. Stephanie Mines en su libro *We are All in Shock (Todos estamos en shock),* publicó unos resultados que demuestran la influencia de las emociones en el desarrollo saludable de un niño desde su etapa en el vientre materno. Estos estudios señalan que a sólo 27 días de iniciado el proceso de agrupación de células después de la fecundación, siendo el embrión del tamaño de un frijol, ya tiene formado su canal neuronal y el cerebro empieza a trabajar.

Por lo tanto, la parte instintiva y la capacidad para sobrevivir ya está desarrollada desde el primer mes después de la fecundación del ovulo y el espermatozoide.

El nuevo ser empieza a percibir lo que sucede a su alrededor. Si la situación de la madre es de constante tristeza o violencia, el cerebro del embrión siente la amenaza de no ser bien recibido y que su vida peligra por percibir las descargas de adrenalina y cortisol de la madre en estrés. Lo más triste es que esta huella quedará grabada en lo más profundo de la mente de ese ser, y tendrá algún tipo de manifestaciones en los años por venir.

Por mensajes como estos, y sumados los otros que se nos van acumulando en nuestra niñez como ¨*eres un bueno para nada*¨, "*tu hermano es mejor estudiante que tu*¨, ¨*cállate la boca cuando un adulto te hable, porque ellos siempre tiene la razón*¨, ¨*no digas nada de lo que en la casa suceda*¨, ¨*tu hermana tiene mejor cuerpo que tu*¨, ¨*por qué te ríes tanto*¨, los abusos sexuales, en fin; situaciones como estas hacen que nos convirtamos en niños heridos con disfraz de adulto que expresamos todo lo que no sanamos en su momento a través de miedos, culpas, agresividad, indiferencia y problemas para entablar relaciones sanas con los demás.

Al respecto *Margarita Blanco*, en su libro *Sanación Emocional del Niño Interior,* señala que el 99 % de los adultos somos niños heridos que aún no hemos hecho las paces con nuestro pasado. De allí, la necesidad de hablar con nuestro niño interior y para hablar con él hay muchas formas, en este caso particular lo haremos a través de la escritura de una carta o a través del espejo. En relación a, escribirle a tu niño interior una carta para hablar con él, este ejercicio es bastante reconfortante, experimentarás momentos de tristeza y vacío, hasta llegar a un estado pleno de felicidad y paz en la medida que lo repitas.

Este ejercicio consta en realizar una carta dirigida a nuestro niño interior, que puede ayudarte a detectar pensamientos negativos que se programaron en tu infancia, y que ahora aún en la etapa adulta te siguen limitando y generando más que bienestar, malestares.

Una vez que finalices de escribir tu carta, la puedes volver a leer, y cuando termines de leerla la puedes romper o quemar. Te proporciono a continuación un ejemplo de cómo puede ser esa carta que dirigirás a tu niño interior, recuerda que esta es una oportunidad de evaluar tu interior.

Carta dirigida a mi Niño (a) Interior

Hoy decido que el mejor lugar del universo es donde yo me encuentro ahora, con mi actitud mental positiva he decidido estar en el paraíso que habita dentro de mí, puede ser que a lo mejor este algo cansado, pero con ganas de seguir mi camino de transformación de vida.

Pero antes necesito hacer un alto en mi camino, pues he decidido tener un encuentro con ese mi niño (a), el cual está dentro de mí y se pudiera encontrar triste, solo, abandonado, pisoteado, oscuro, maltratado, en fin; puede ser que sienta y tenga muchas emociones, sentimientos y pensamientos negativos grabados que no lo dejan vivir su verdad.

Con el amor que he encontrado y sé que existe dentro de mí, he decidido mirarte y estrecharte mi mano para decirte, lo mucho que te amo, sabes; no tienes por qué sufrir más, no temas; ya no estarás más solo, tenemos mucho de qué hablar, yo te contaré y tú me escucharás, tú me contarás y yo te escucharé. Juntos andaremos el camino, no importará que sea largo y duro; no importará que alguna vez nos perdimos o nos perdamos, porque agarrados de la mano encontraremos otra vez el buen camino hacia la libertad, que somos nosotros mismos.

No importará que nos agarre la noche, haga frío y no tengamos donde refugiarnos porque las dos abrazados nos reconfortaremos hasta que venga el día. Juntos lloraremos, juntos nos reiremos, y aprenderemos a disfrutar del sabor dulce de la vida; juntos los dos, tendremos el coraje y el amor que hace falta para andar el camino sin mirar atrás.

Así que ya sabes mi niño: no llores más, que tú y yo estaremos siempre unidos de la mano caminaremos hasta nuestro final. No importa si estuvimos en silencio por mucho tiempo, solo sé que hoy es un excelente día para comenzar. Ahora sé que tú no estabas fuera de mi vida, ahora comprendo que siempre estuviste allí.

He sido yo quien te arrinconé, te dañé, te ofendí, te metí en el cajón del olvido y luego te eché encima mis miedos, mis dudas, mis incertidumbres, mis desesperanzas, mis quejas, mis críticas, mi sentido de culpabilidad, mi desconfianza, mi rencor, mi rabia, y debajo de todo, tú aún me reclamabas a través de los ojos de todos, y utilizabas tus brazos para extenderlos hacia mí y suplicarme que te sacara de allí. Me decías que necesitabas mi amor, mi aprecio, mis cuidados, mi reconocimiento, mi apoyo.

Querías decirme que tú, a pesar de todo, me amabas más que a nada, tal como yo era, que te tenía para apoyarme y darme ánimo; que no me culpabas de nada, no tenía que hacer nada especial para merecerte que lo único que necesitabas era que te reconociera y te dejara estar a mi lado.

He estado ciego, pero hoy decidí tenerte a mi lado siempre. Ya no nos separaremos más, siempre estaremos juntos pase lo que pases, vivamos lo que vivamos, sin importar el pasado, a partir de este momento viviremos el presente para construir un buen futuro, mirando siempre el presente el aquí y el ahora. Te amo mi niño.

En relación con el uso del espejo, para emplearlo en comunicarte con tu niño interior es una actividad sumamente poderosa de hecho *Louise L. Hay*, recomienda siempre hacer este ejercicio muy transformador para la sanación de nuestro niño.

¿Como hacerlo? ¿Cómo llevarlo a la práctica? Primeramente, tienes que reconocer que tienes a tu niño interior herido mirándote frente al espejo con los ojos del alma, ellos siempre te dirán la verdad. No se trata de mirarte al espejo desde el punto de vista físico para mirar detalles del rostro o cuestionar como te observas, se trata de una mirada profunda y contemplativa del alma.

Cuando encuentres mirarte desde el alma, el primer paso que debes hacer es decirte *"Te amo"*. Si ves que no puedes decirlo, entonces puedes empezar por: *Estoy dispuesto a aceptarte y amarte*, experimentaras sensaciones y emociones como llanto o tristeza, lo importante es continuar con el ejercicio, aprovecha el ejercicio para expresarte lo valioso y maravilloso que es, que estas allí, para amarlo, protegerlo, y jamás se separará de ti.

Exprésale todo el amor que venga a tu mente, aquel amor que no obtuviste de tus padres, abuelos, hermanos, tíos o cualquier persona que tu sentiste te fallo en algún momento. Después entabla una conversación con tus padres uno a uno, y luego con cada uno de los familiares más significativos para ti, y cualquier persona que consideras haya causado alguna herida.

Y en la medida que vayas teniendo una conversación y la finalices, puedes decirle *"me perdono y te libero"*, es una de las mejores herramientas para nuestra sanación. Esto será progresivo hasta que finalices tus sesiones y puedas decirte frente al espejo ¨*me amo, y me acepto tal como soy, soy grandioso, soy mi verdad*¨.

Por lo antes señalado, si tenemos bajo nuestra responsabilidad el cuidado de niños, lo mejor que podemos hacer por su bienestar integral es demostrarle un gran amor incondicional, tratémosle con respeto (respetar sus decisiones), debemos ser orientadores y buenos negociadores, utilizar el dialogo antes que decirles *no*, escuchemos sus necesidades reales (se requiere ser un buen escucha).

Como merecedores de amor, elijamos respetar sus decisiones, hazles saber lo maravillosos que son, otorguemos palabras de halago, enseñémosle que son responsables y no culpables, recordemos que su verdadero poder está en confiar en ellos mismos, así crecerán con una autoestima adecuada, y se sentirán en sus épocas respectivas, adolescentes y adultos, merecedores de la abundancia y de las totalidades.

Por ende, serán personas llenas de un infinito amor por sí mismos y por los demás. Para finalizar este punto, lo importante de todo el uso de las herramientas para desaprender cosas que hemos aprendido, es tu beneficio, y el de los demás, dado que en el reino de la mente lo positivo atrae a lo positivo y rechaza a lo negativo.

Y ten esto siempre presente, *"Tu verdadero enemigo está dentro de ti mismo"*. En la medida que deposites fe en ti mismo, y en las herramientas que Dios, el Universo y la Divinidad te ofrecen, comenzaras a ver tus cambios y el de los demás. Este trabajo solo te corresponde a ti, no puede ser transferido a nadie. Tuya es la responsabilidad.

Los pensamientos y nuestras emociones

Hablar de pensamientos y emociones son aspectos complementarios, pues, como seres humanos somos lo que sentimos. Y nuestros pensamientos generan sentimientos, emociones, desatando una serie de reacciones bioquímicas en nuestro cerebro.

Es decir, se encargan de producir sustancias químicas (conocidas como neurotransmisores) éstas entran al torrente sanguíneo y en muchos casos, generan malestares o enfermedades.

Es por ello, que el nuevo concepto de salud según la *Dra. Candace Pert*, descubridora de las *Moléculas de las Emociones,* conocidos como *Neurotransmisores*, la define como la armonía entre los neurotransmisores y la conexión cuerpo mente. Entonces la salud, significa paz interior. Los neurotransmisores son neuro-hormonas es decir hormonas que son producidas por neuronas o células que pertenecen al sistema nervioso.

Estos neurotransmisores, están encargados de hacer funcionar muchos órganos del cuerpo sin nuestro control consciente, es decir, a través del sistema nervioso autónomo. Por lo tanto, el control de la tensión arterial, frecuencia cardíaca, sudoración, movimiento de los intestinos, llegada de sangre a los diferentes órganos, respiración, sueño, vigilia, emociones e inmunidad, entre otras funciones orgánicas, están controladas por los neurotransmisores. Por ello, somos seres que dependemos de estos neurotransmisores que se producen en el cerebro los cuales mantienen un equilibrio perfecto. Pero ese equilibrio puede perderse debido a nuestros pensamientos negativos que alteran nuestros neurotransmisores, generando en nosotros la perdida de nuestro equilibrio, ocasionándonos enfermedades emocionales o psicosomáticas.

Estas somatizaciones se generan por el mal manejo de nuestras emociones negativas. Es decir, después de una situación conflictiva que genere un impacto emocional negativo cargado de rabia, tristeza, rencor, culpabilidad y miedo, nuestro cerebro comienza a segregar sustancias bioquímicas cargadas de cortisol y adrenalina, las cuales van deprimiendo el sistema inmunológico generando así un desequilibrio en nuestro cuerpo y con él, la aparición de diversas enfermedades emocionales.

Enumerando algunas de las más frecuentes; el estrés, depresión, asma, hipertensión, ulceras estomacales, trastorno del sueño, depresión nerviosa, diabetes, obesidad, hipotiroidismo e hipertiroidismo, migrañas, mal olor corporal, hasta cáncer.

El rol que cumplen los neurotransmisores en este proceso es vital por lo explicado anteriormente y existen muchos, pero citaremos a continuación los más estudiados por los expertos, los directamente relacionados con el cerebro por el control que ejercen sobre las neuronas:

1.- La serotonina: Sintetizada por ciertas neuronas a partir de un aminoácido, el triptófano, se encuentra en la composición de las proteínas alimenticias. Juega un papel importante en la regulación de nuestro sueño, en el control de nuestro apetito, controla los movimientos musculares, el deseo sexual, controla la temperatura corporal, la actividad motora y también las funciones perceptivas y cognitivas.

El cerebro la utiliza para fabricar una conocida molécula o neurotransmisor conocido como la melatonina la cual regulariza muestro sueño, y mejora la eficiencia del nuestro sistema inmunitario aumentando nuestras defensas naturales preservándonos de las enfermedades en general y en particular de aquellas típicas del envejecimiento.

Por ello, los niveles equilibrados de serotonina producen calma, paciencia, control de uno mismo, sociabilidad, adaptabilidad y humor estable. Los niveles bajos, en cambio producen, hiperactividad, agresividad, impulsividad, fluctuaciones del humor, irritabilidad, ansiedad, insomnio, depresión, migraña, dependencia (drogas, alcohol), bulimia, colon irritable entres otras enfermedades.

La serotonina igualmente interviene en otros neurotransmisores conocidos como la dopamina y la noradrenalina, que están relacionados con la angustia, ansiedad, miedo, agresividad, así como los problemas alimenticios.

2.- La dopamina: Crea un terreno favorable a la búsqueda del placer y de las emociones, así como al estado de alerta. Potencia también el deseo sexual. Al contrario, cuando su síntesis o liberación se dificulta puede aparecer desmotivación e, incluso, depresión. Por ello, se tiene, que los niveles altos de dopamina se relacionan con buen humor, espíritu de iniciativa, motivación y deseo sexual.

Los niveles bajos se relacionan con depresión, hiperactividad, desmotivación, indecisión y descenso de la libido.

3.- La acetilcolina: Este neurotransmisor regula la capacidad para retener la información, almacenarla y recuperarla en el momento necesario. Cuando el sistema que utiliza la acetilcolina se ve perturbado aparecen problemas de memoria y hasta, en casos extremos, demencia senil.

En ese sentido, puede señalarse que lo los niveles altos de acetilcolina potencian la memoria, la concentración y la capacidad de aprendizaje. Un bajo nivel provoca, por el contrario, la pérdida de memoria, de concentración y de aprendizaje.

4.- La noradrenalina: Se encarga de crear un terreno favorable a la atención, el aprendizaje, la sociabilidad, la sensibilidad frente a las señales emocionales y el deseo sexual. Al contrario, cuando la síntesis o la liberación de noradrenalina se ve perturbada aparece la desmotivación, la depresión, la pérdida de libido y la reclusión en uno mismo.

En ese respecto, los niveles altos de noradrenalina dan facilidad emocional de la memoria, vigilancia y deseo sexual. Un nivel bajo provoca falta de atención, escasa capacidad de concentración y memorización, depresión y descenso de la libido.

5.- El Ácido Gamma-aminobutírico o GABA. Se sintetiza a partir del ácido glutámico y es el neurotransmisor más extendido en el cerebro. Está implicado en ciertas etapas de la memorización siendo un neurotransmisor inhibidor, es decir, que frena la transmisión de las señales nerviosas.

Sin él, las neuronas podrían perder el control en la transmisión de esas señales, lo que generaría que las mismas se hicieran cada vez más rápido hasta agotar el sistema nervioso central.

Su existencia en el tejido nervioso garantiza el equilibrio entre excitación e inhibición neuronal, un requisito fundamental en la función sensitiva, cognitiva y motora. Este a su vez, permite mantener el sistema bajo control.

Su presencia favorece la relajación. Cuando los niveles de este neurotransmisor son bajos hay dificultad para conciliar el sueño y aparece la ansiedad, sumándosele la aparición de manías y en algunos casos, ataques de pánico. En el caso contrario, los niveles altos de GABA potencian la relajación, el estado sedado, el sueño y una buena memorización.

6.- La adrenalina. Es un neurotransmisor que nos permite reaccionar en las situaciones de estrés. Las tasas elevadas de adrenalina en sangre conducen a la fatiga, a la falta de atención, al insomnio, a la ansiedad y, en algunos casos, a la depresión. Los niveles altos de adrenalina llevan a un claro estado de alerta. Un nivel bajo al decaimiento y la depresión.

En ese orden de ideas, recordemos que todo lo que nuestra mente crea, se reflejará en nuestro cuerpo. Es por ello, que *L.I. Luzardo* en su libro, *Enfermedad Emocional,* señala que de cada 100 personas que asisten a consulta médica, el 85% sufre de enfermedad emocional, cuyos orígenes son nuestros pensamientos negativos.

Y estos pensamientos se reflejan en nuestros cuerpos, ya que es allí, donde se liberan nuestras batallas emocionales; batallas caracterizadas por emociones negativas como la tristeza, rabia, ira, el enojo, resentimiento, rencor, miedo y los sentimientos de culpas.

Así, las enfermedades emocionales o psicosomáticas las han vuelto a considerar hasta hace poco, gracias a estas investigaciones que describen el comportamiento de nuestros neurotransmisores ante las emociones. Una de las pioneras en ese campo fue *Louise L. Hay* que, a través de la observación dio el primer paso para poder comprender que sucede en nuestro cuerpo, cuando tenemos pensamientos de rabia, odio, rencor, resentimiento y culpas.

Estas documentaciones permitieron avanzar en pasos gigantescos a la *Dra. Candace Pert,* psico farmacóloga de prestigio internacional, con más de 25 años de investigación y especialización en la base molecular de los neuropéptidos y sus receptores, tanto en el cerebro como en el sistema inmunológico; proporcionándole la base científica para un nuevo campo de la medicina y la farmacología denominado como psico neuroinmunología.

Ámbito que implica la comunicación entre mente-cuerpo y la importancia de las emociones como puente entre estas dos partes, habitualmente tratadas como separadas.

Como ella misma dice: *"La mayoría de los psicólogos tratan la mente como separada del cuerpo, un fenómeno de apenas conexión con el cuerpo físico. Inversamente, los médicos tratan al cuerpo como desvinculado de la mente y las emociones.*

Pero el cuerpo y la mente no están separados y no podemos tratar ni entender a uno sin el otro. Investigaciones científicas están demostrando que el cuerpo puede y debe ser curado a través de la mente, y la mente puede y debe ser curada a través del cuerpo".

Es importante señalar, que esa separación de la mente por un lado y el cuerpo por otro, le corresponde como lo señalé en el capítulo anterior, al filósofo y cientificista del siglo XVII *Rene Descartes*, con su *Discurso del Método Cartesiano*, el cual dividió la medicina en dos mundos, quien a su conveniencia necesitaba de esta separación para poder realizar su trabajo en las disecciones de cadáveres.

Este tuvo que defender su hipótesis ante las autoridades de la iglesia católica sosteniendo que el cuerpo no tenía que ver en nada con la mente.

Por su parte la *Dra. Candace Pert*, en una entrevista realizada en el 2008, manifestó lo siguiente: *"es necesario, que asumamos que estamos frente a un cambio de paradigma en la medicina y la fisiología. La idea principal es, lo que pensamos tiene una enorme influencia sobre nuestra salud. La mente, las ideas y las emociones afectan a nuestras moléculas, a nuestra salud física, mucho más de lo que se creía.*

Durante mucho tiempo, el concepto de la medicina psicosomática no se tomó muy en serio, e incluso se ridiculizó. Sin embargo, creo que los estudios científicos, algunos de ellos con mi participación, han demostrado que las emociones son en realidad las moléculas que rigen toda la fisiología".

Una forma de ver el cambio de paradigma es a través de la unión de la física quántica y la biología. Cuando las unimos, nos damos cuenta de que los cuerpos y los órganos no son independientes. Existe una conexión entre los seres humanos en la que se basan la medicina holística y la espiritualidad. Se trata de estudiar científicamente la conexión que nos une.

Actualmente no podemos enunciar una ecuación que la defina, pero es evidente que lo que pensamos afecta lo que sucede, y lo que hace una persona en un lugar incide sobre otras personas en otros lugares.

Las emociones no son sólo unas moléculas físicas del organismo, sino una vibración, una energía que influye sobre el mundo. De hecho, creo que las emociones son un puente no sólo entre la mente y el cuerpo, sino también entre el mundo físico y el espiritual.

Para explicarlo de manera más simple: Lo que se manifiesta en nuestro cuerpo, está en nuestra mente y nuestra alma. Nuestras enfermedades emocionales manifiestan todos nuestros principios que son valorados muy negativamente, tanto desde el punto de vista personal como por el colectivo, lo que impide que estos sean vividos y vistos por nuestra conciencia, la cual trae consigo una determinada programación mental, cuyo reto y solución de modificación configurarán nuestra calidad de vida. Es por eso la importancia de comprender lo que sentimos.

La Dra. *Candace Pert*, en su entrevista, señala también que las emociones no expresadas son nocivas para la salud, y hay quien cree que este aprendizaje empieza en la infancia, que debemos enseñar a nuestros hijos a aceptar y comprender sus diferentes emociones.

De este modo se sienten cómodos con ellas y, cuando se hacen mayores, las utilizan de otro modo, como indicadores, en lugar de guardárselas. Se preguntan: "¿por qué me siento así? Esta emoción me debe estar indicando algo".

Creo que es importante aprenderlo desde la infancia, y también que exista una cultura que lo permita. Por ejemplo, España es un país que siempre se ha considerado especialmente emocional, pero en otras culturas, en cambio, existe mucha represión. En algunos sistemas educativos a los niños no se les permite expresar la alegría o el entusiasmo. Les enseñan a callarse desde la más tierna infancia y aprenden que en la vida cotidiana no hay lugar para las emociones, lo cual no es nada bueno.

Entonces esas emociones reprimidas son perjudiciales para la salud porque las emociones rigen todos los sistemas del organismo. Las válvulas del corazón, los esfínteres del aparato digestivo que se abren y cierran, la propia digestión, todo está regido por las moléculas de la emoción, que tienen una acción física.

Si reprimimos la expresión de las emociones, también reprimimos nuestras funciones orgánicas, lo que a la larga produce enfermedades o malestar, ya que se trata de una parte intrínseca del funcionamiento de nuestro cuerpo. Por tanto, al no liberarla de forma natural, esa energía se acumula y repercute sobre el estado físico, se produce un atasco y las cosas no funcionan. Es un bloqueo físico provocado por un bloqueo de energía.

Es decir, nuestras emociones solo quieren llevarnos a que nos conozcamos y nos comprendamos mejor como una totalidad. Tenemos que darnos el tiempo suficiente, para poder asimilar eso que llamamos emociones.

Por consiguiente, liberar las emociones reprimidas, es fundamental para así prevenir las enfermedades emocionales. Ello se logra con el despertar de consciencia de las emociones, y en segundo lugar, asumir nuestra responsabilidad de la emoción que estamos sintiendo, para posteriormente elegir la técnica para liberarlas.

En el ámbito del crecimiento personal contamos con una vasta caja de herramientas, cada una adaptada a la necesidad particular; entre las más utilizadas es la técnica del perdón, que una sigue siendo la herramienta por excelencia y nos permite sanar emocionalmente al recuperar nuestro bienestar.

El uso de esta herramienta tiene la intencionalidad de liberarnos a nosotros mismos de las responsabilidades de las acciones, no al otro. Es aplicable para cualquier emoción negativa que pueda desmerecer nuestra alegría y capacidad de disfrutar de todo lo que el universo y la divinidad nos ofrecen. Perdonar es liberarse de las ataduras del pasado. Es darnos el máximo regalo que la vida nos da, perdonar significa renunciar, dejar en libertad para dejar de seguir aferrado a algo o al pasado.

Para perdonar lo único que hace falta es estar dispuestos a hacerlo, y a recibir amor y sanación, perdonar nos deja abiertas posibilidades de mejoras en nuestras vidas.

Otras de las herramientas para liberar las emociones negativas es la Meditación Vipassana, la cual produce un cambio radical en nuestra vida privada y en nuestra manera de vernos a nosotros mismos y a los demás.

Su práctica despeja la mente de contaminantes y va paso a paso aumentando las condiciones para una completa salud mental, restituyendo así en nosotros el amor por todos los seres vivientes.

De manera directa y simple, la técnica se orienta a observar la actividad mental en forma natural, sin reacción, sin juicio y sin apego a nada, con atención plena y comprensión clara de lo que está sucediendo en el presente.

Así mismo, otras herramientas podrían ayudarte: la psicoterapia, terapia de renacimiento, el reiki, la visualización creativa, la acupuntura, el expresarnos positivamente, aprendiendo a diferenciar lo urgente de lo importante. Te corresponde a ti elegir que herramienta prefieres según tus necesidades, para ello puedes buscar ayuda de un profesional para que te guie en tu elección.

Una ilustración clara de cómo las emociones negativas pueden alterar nuestra salud mental y por consecuencia en nuestros órganos se presenta a través de investigaciones sobre el colon irritable, con el *Dr. Hector Jara,* investigador con post grados en ciencias básicas, medicina interna y gastroenterología.

Además, posee entrenamiento en neuroquímica clínica desde 1987 con más de 40 publicaciones en revistas médicas de neurociencias. Al respecto señala que el colon irritable se debe al desajuste neuroquímico que acompaña a los pacientes con diarrea, estreñimiento o ambas situaciones.

Los pacientes con diarrea como síntoma principal son aquellos que presentan la situación de estrés desadaptado, eso quiere decir que responden con descargas de adrenalina ante cualquier situación donde no es normal que eso suceda, por ejemplo al comer, al hacer ejercicios, ante noticias de intensidad moderada, en su trabajo o día a día y por supuesto ante situaciones verdaderamente estresantes.

Esas descargas anormales de adrenalina producen la diarrea porque se mueve el recto anormalmente. En los pacientes deprimidos o con perfil neuroquímico de depresión (no tiene que estar deprimido, sino que sólo presenta el perfil neuroquímico que tienen los deprimidos) el síntoma principal es el estreñimiento porque la deficiencia de serotonina que presentan hace que se contraiga el colon sigmoides como un semáforo en rojo y las heces no pasan hacia el recto. Generalmente cursan con dolor moderado a intenso en el abdomen bajo inferior.

Durante esas observaciones el determinó que los casos que no están deprimidos caen en el perfil de estrés adaptado y este es el nuevo concepto o hallazgo que en su investigación explica. El stress adaptado es el estrés crónico. Son los pacientes que se adaptan a la situación estresante que están confrontando y logran frenar la producción de adrenalina, entonces quedan liberando noradrenalina en exceso y no adrenalina, por eso se parecen a los pacientes deprimidos neuroquímicamente hablando.

Este exceso de noradrenalina y deficiencia de serotonina igualmente se relaciona con las siguientes alteraciones clínicas: Estreñimiento o intestino irritable, hipertensión arterial, hiperinsulinismo, obesidad (una de las más frecuentes), hipotiroidismo, algunas enfermedades autoinmunes, síndrome metabólico, entre otras.

Así mismo, señala el experto que la única diferencia de los estresados crónicos con los pacientes verdaderamente deprimidos es que estos últimos cursan con niveles muy bajos de serotonina (triptófano bajísimo en el plasma) y los estresados crónicos o adaptados la tienen moderadamente baja pero no tanto como los deprimidos.

Lo importante es saber que no tienes que estar deprimido clínicamente para sufrir de colon irritable, simplemente es un perfil neuroquímico que también lo pueden tener otros pacientes con otras enfermedades.

En resumen, hay dos tipos de pacientes con colon irritable: Los que cursan con estrés desadaptado que tienen exceso de adrenalina y generalmente presentan diarreas. Los que cursan con hiperactividad de la noradrenalina e hipoactividad de la serotonina que son los perfiles del deprimido y del estrés adaptado, generalmente presentan estreñimiento pero pueden alternar ese síntoma con diarrea.

Todos estos casos pueden curarse si se nivelan los neurotransmisores y se cambian ciertas condiciones de vida en el aspecto psicosocial. Un valioso recurso para combatir el estrés, es a través de procesos de meditación ya que llevas la atención a la respiración abdominal y tiene por sí sola la capacidad de producir cambios en el cerebro. Favorece la secreción de hormonas como la serotonina y la endorfina y mejora la sintonía de ritmos cerebrales entre los dos hemisferios cerebrales.

¿Cómo podemos llevar la atención de la respiración a nuestro abdomen? En la medida que inhalamos ese aire debe elevar la zona del abdomen ocupando la parte baja, media y alta de los pulmones, y en la medida que exhalamos, el abdomen disminuye su volumen de llenado a su punto inicial. Recobrando así, progresivamente nuestra vitalidad.

En ese tema tan importante como los pensamientos negativos, en una entrevista realizada en la ciudad de México, al *Dr. Mario Alonso Puig*, cirujano y conferencista, manifestó que se ha demostrado en diversos estudios que un minuto de pensamiento negativo deja el sistema inmunitario en una situación delicada durante seis horas.

Esto causa una sensación de agobio permanente, produciendo cambios muy sorprendentes en el funcionamiento del cerebro y en la constelación hormonal. También va lesionando las neuronas de la memoria y del aprendizaje localizadas en el hipocampo, afectando nuestra capacidad intelectual porque deja sin riego sanguíneo aquellas zonas del cerebro más necesarias para tomar decisiones adecuadas.

Hazte un camino para transformar tu vida, la vida se trata solo de elecciones, tenemos un maravilloso templo físico y espiritual que nos espera, recuerda siempre tomar conciencia de la importancia que tiene para ti y tu bienestar saber manejar tus pensamientos y emociones.

Tu cuerpo actuara de acuerdo a tus peticiones, la mente ejecuta todo lo que le ordenas, cualquier declaración o emoción experimentada genera un flujo de bienestar o malestar en tu organismo.

El despertar de mi consciencia me mantiene en armonía con mi mente, cuerpo y espíritu. Y a la vez me permite mantener una asociación en lo que pienso digo y hago.

Capítulo V
Mi nueva forma de ver el mundo, ¡Soy una Totalidad, soy Universal!

Me entrego a la magia de lo inesperado, y descubro lo hermoso oculto en lo cotidiano

El mundo que veo es aquel que llevo dentro.

Todo lo que sucede a nuestro alrededor nos ofrece información sobre nosotros mismos y de la forma en la cual pensamos; si somos conscientes de ello eso nos permitirá evaluarnos de una forma consiente.

No obstante, la mayoría de las veces evaluamos y juzgamos todo lo que sucede a nuestro alrededor sin importar, que cuando evaluamos nuestro exterior, también estamos evaluando nuestro interior. El mundo externo es el espejo que refleja nuestras sombras, y a esto es lo que se llama proyección.

La proyección es atribuir a otros, lo que por naturaleza nos pertenece, de tal forma que aquello que percibimos en los demás es en realidad una proyección de algo que es propio; puede ser un sentimiento, una carencia, una necesidad o un rasgo de nuestra personalidad.

En el proceso de proyección, el exterior actúa como un espejo para nuestra mente; en él podemos ver reflejadas diferentes cualidades o aspectos de nuestro propio ser. Por ello, si observamos algo que no nos gusta de alguien y sentimos desagrado, rechazo, sin duda esto indica que de alguna manera ese aspecto que nos desagrada existe en nuestro interior.

Así, si una persona nos hace enojar, este enojo surge porque ese individuo recrea frente a nosotros una característica propia, de nuestra personalidad. Pero no una característica cualquiera, sino una con la que nosotros no estamos conformes, y que nos resulta especialmente desagradable y a la que combatimos inconscientemente en nosotros mismos.

Para ilustrarnos un poco al respecto, el libro *Curso de Milagros*, destaca que lo que vemos en el mundo refleja simplemente nuestro marco de referencia interno: las ideas predominantes, los deseos y las emociones que albergan nuestras mentes.

Por lo tanto, la proyección da lugar a la percepción. Por ello, debemos primero miramos en nuestro interior y luego debemos elegir qué clase de mundo queremos ver; para luego proyectar ese mundo afuera y hacer que sea real para nosotros tal como lo vemos. ¿Cómo hacemos real ese mundo? Esa realidad funciona, mediante las interpretaciones que hacemos de lo que estamos viendo.

Si nos valemos de la percepción para justificar nuestros propios errores-nuestra ira, nuestros impulsos agresivos, nuestra falta de amor caracterizado por el pecado, en cualquier forma que se manifieste-veremos un mundo lleno de maldad, destrucción, malicia, envidia y desesperación.

Tenemos que aprender a perdonar todo esto, no porque al hacerlo seamos "buenos" o "caritativos", sino porque lo que vemos no es real. Hemos distorsionado el mundo con nuestras absurdas defensas y por tanto, estamos viendo lo que no está ahí. En cambio, a medida que aprendamos a reconocer nuestros errores de percepción, aprenderemos también a pasarlos por alto, es decir a "perdonarlos".

Al mismo tiempo nos perdonaremos al mirar más allá de los conceptos distorsionados que tenemos de nosotros mismos, y contemplar sin argumentos o conceptos el ser que Dios creó en nosotros, como nosotros.

La percepción es una función del cuerpo, y por lo tanto supone una limitación de la conciencia. La percepción ve a través de los ojos del cuerpo y oye a través de sus oídos. Produce las limitadas reacciones que éste tiene.

El cuerpo aparenta ser, en gran medida, auto-motivado e independiente, más en realidad sólo responde a las intenciones de la mente. Si la mente lo utiliza para atacar sea de la forma que sea, el cuerpo se convierte en la víctima de la enfermedad, la vejez y la decadencia.

Si la mente, en cambio, acepta el propósito el amor, el cuerpo se convierte en un medio eficaz de comunicación con otros invulnerable mientras se le necesite y luego sencillamente se descarta cuando deja de ser necesario.

Al olvidar todas nuestras percepciones erróneas, y al no permitir que nada del pasado nos detenga, podemos recordar la presencia de nuestro Dios, porque hemos sido hechos a su imagen y semejanza, y si somos hijos de Dios entonces porque creer en la imperfección. Somos su proyección más perfecta.

¿Es negativa la proyección? Absolutamente no, es algo realmente positivo para cada uno de nosotros si estamos en nuestro proceso de transformación. Si estas consciente de tu proceso de crecimiento personal, puedes utilizarla como un medio de evaluación y autoconocimiento, pues los demás cumplirán el papel de tus espejos, permitiéndote evaluar las oportunidades de mejora, fortalecerlas y en mejora continua.

La invitación es a convertirte en observador de tu entorno, mira con compasión al otro si despierta en ti un sentimiento de rechazo, revisa ¿qué cosas tienen en común que activa tus emociones? ¿Qué es aquello que aún no te atreves a perdonarte?

También puedes escoger aprender a siempre observar en ti mismo tus fortalezas, pues las proyecciones también nos dejan ver toda la luz que habita en nosotros mismos: Reconocer nuestras habilidades y bendecirlas, halagarlas porque son dones que tenemos y nos hacen distintos de los demás.

Extiendo además esta recomendación a quienes nos desempeñamos como padres; hacen falta más hijos que se auto-valoren y se proyecten en todas sus facetas positivas, y esto se hace bajo acción y ejemplo.

Los hijos son el resultado del modelaje que hacemos como padres al validarlos, (cabe decir que este es el modelaje que genera una real impronta para toda la vida) reconocerles logros, talentos y dones empezando por nosotros mismos, así como ensenarles que trabajen con sus sentidos atentos para percibir lo que les rodea y discernir con criterio propio de todo lo que les rodea.

Tenemos la responsabilidad de hacer efecto domino y que estas acciones permeen nuestro entorno familiar y social. También es usual que se suela confundir nuestros puntos de vista con la verdad, y eso se transmite: la percepción va más allá de la razón. Según estudios de *Albert Merhabian*, de la Universidad de California (UCLA), el 93% del impacto de una comunicación va por debajo de la conciencia.

Esto quiere decir que la mayor parte de los actos de nuestra vida se rigen por el inconsciente. De ahí la importancia de modificar nuestros esquemas de pensamiento y viejas programaciones para que cambie nuestra percepción. En la medida en que vayamos conociéndonos, aceptándonos y queriéndonos más y más profundamente, en esa medida, irá mejorando nuestra interpretación de la realidad, de la verdad que proviene de nuestro interior.

Cuando el camino tiene picos (altos y bajos)

Los procesos de transformación se caracterizan por curvas con diferentes recorridos, unos con bajadas y otros con subidas. Las bajadas se manifiestan con la apatía, desgano, miedo e incluso desconfianza por las cosas que hacemos. Lo importante de todo esto, es que estés pendiente cuando estas emociones se quieran apoderar de tu mente.

La forma de restar poder es siempre buscar el lado positivo, y disfrutarlos de la misma manera que disfrutas tus éxitos. Cuando estés en situaciones bajas míralas bien y procésalos hasta que puedas sanarlos. Siempre hay un maestro oculto allí.

Debes considerar también, que los desafíos son nuestros amigos. Los obstáculos nos proporcionan ideas sobre cómo podemos ser mejores creadores. Algunos retos nos obligan a mirar nuestras actitudes y nos proporcionan una oportunidad para cambiar nuestra percepción y, en última instancia es lo que uno debe hacer con la mayoría de los obstáculos.

Recordemos que en nuestro trabajo personal los pensamientos sobre nosotros mismos, muchas veces son desalentadores. Sin embargo, nosotros sabemos que las cosas si se pueden hacer y se hará más fácil a medida que lo sigamos intentando. Y el intentar, te hará crecer, y el crecer te llevará a tu propia expansión de manera continua, de todo lo que eres tú.

Cuando enfrentes una baja emocional, tomate una pausa para revisar y evaluarte, permítete entrar en conciencia de todo lo que esté disponible como herramientas de ayuda, de todo lo maravilloso que eres, y permítete establecer otras estrategias que agilicen tu proceso de crecimiento y la búsqueda de la verdad.

De hecho, las bajas emocionales son oportunidades de tomar una pausa, para posteriormente volver a iniciar con más fuerza. Recuerda que puedes alcanzar la montaña más alta, con solo establecerlo como un propósito. Ten fe en ti mismo, en tu cuerpo físico, en tu mente y en tu espiritualidad, ellos conforman tu totalidad. Ten presente que si Dios está en todas partes, también está dentro de ti, conmigo, con los otros, a tu forma, a mi forma, y a la forma de los demás también, y por lo tanto su voluntad es que disfrutemos de todo lo que él nos ofrece. Porque él, es abundancia y libertad.

Elige ser libre, dale la bienvenida a tu vida, a los nuevos cambios y acéptalos, abandona todo aquello que te hiere, te humilla y te atemoriza. Y recupera el poder que está dentro de ti. Recuerda que la verdadera batalla para enfrentar nuestro camino de transformación es con uno mismo. Si alguna vez en tu proceso no ves la salida, pues el golpe que te has dado para ti es muy grande; apuesta siempre a la vida y confía que el sol siempre sale para ti.

LOS DÍAS GRISES

Los hay, desde luego para muchos. ¡Y muy frecuentes! Hay días en los que brilla el sol y la vida sigue como siempre: las cosas no han cambiado, nada urgente nos falta en apariencia y sin embargo... Nos sentimos mal, como incompletos, como... insuficientes, como desalentados y extraños.

Ese día en que abres los ojos y no sabes por qué, traes un desánimo que te nació en el sueño, que te brotó en lo alto de la noche y se filtró a tu alma gracias a quién sabe qué asociaciones oscuras y angustiosas.

Ese día en que te cuesta trabajo levantarte. ¡Ayer estaba todo bien! Ese día en que presientes que nada va a ir como tú lo deseaste, ese día que no tiene color, cuyas primeras horas son de laxitud, recelo o ligera zozobra. Ese día, es un día que nació gris.

Nunca se puede evitar esto. La química de nuestro cuerpo, la inercia de nuestra psique, la reacción desconocida de factores internos a estímulos que no descubrimos todavía, nos quieren pintar este día de gris. Gris opaco. Gris depresivo. Gris pasivo. Gris marginal. Pero...

Lo que sí puedes hacer, cuanto antes, es tomar tú mismo, tú misma, la decisión de activar tus propios pinceles y aprovechar ese gris neutro para inundarlo de figuras diversas: ¡Flechas verdes, curvas doradas, zig-zags blancos, puntos azules!

Puedes convertir en unos cuantos segundos o minutos ese panorama triste en un deseo realizable, un canto que te estimule, un silencio que te hable.

No hay días grises... ¡todos son iguales!
Quien les da color eres tú.
Quien es capaz de alegrarse con la lluvia o admirar la
tempestad, eres tú. Quien se echa a llorar bajo un sol
espléndido o un cielo maravilloso, eres tú. Porque no son
los días los que te dan color. Eres tú quien puede pintar
como desees, cada día.
Si sientes que comienza todo gris...
¡Decídete y llénalo de color! ¡Y vive como nunca el día de
hoy!

Vivir sin expectativas, es una magia.

Las expectativas son suposiciones orientadas en el futuro, las cuales pueden o no ser realistas y forman parte de una incertidumbre para logro de resultados exitosos o causar grandes decepciones: usualmente tendemos a intentar expresar es que alguien no va a llevar a cabo ningún tipo de acción ni va a tomar una decisión sobre algo concreto hasta ver qué sucede.

Un ejemplo de ello sería la compra de una casa: como esperamos que algo suceda (un ascenso de puesto de trabajo) y creamos el pensamiento, de acuerdo con lo que consideramos debería ocurrir porque es nuestra forma de ver el mundo (tendré un mejor sueldo y comprare una casa). Pero cuando las cosas no salen como se tenían planeadas obteniendo un resultado menos ventajoso (no se materializo el ascenso), caemos en una gran desilusión que nos lleva a desarrollar pensamientos negativos que se transforman en emociones como frustración, ira, tristeza y culpa, que al no saber cómo liberarlas o manejarlas, se almacenan en nuestros cuerpos, produciéndonos las enfermedades psicosomáticas o emocionales. Y además, solemos caer en críticas y prejuicios, porque las cosas que queríamos que pasaran no sucedieron de la forma en la cual pensamos se darían.

Debemos ser cuidadosos en el manejo de las expectativas ya que estas orientan nuestros pensamientos a ver y vivir en futuro incierto y sin sentido, donde la angustia se apodera de nuestros pensamientos produciendo desgaste de energía que nos limita a vivir la magia del presente sin la confianza de poder ser provistos de un buen futuro. Por lo tanto, lo importante de todo esto no es la emoción, sino el tiempo que dure ella dentro de nosotros si saberlas manejar.

Un conferencista hablaba sobre el manejo de la tensión.
Levantó un vaso con agua y preguntó al auditorio:
- ¿Cuánto creen ustedes que pesa este vaso con agua?
Las respuestas variaron entre 20 y 500 gramos.
Entonces el conferencista comentó:
- No importa el peso absoluto.
Depende de cuánto TIEMPO voy a sostenerlo.
Si lo sostengo por un minuto, no pasa nada.
Si lo sostengo durante una hora, tendré un DOLOR en mi brazo. Si lo sostengo durante un día completo, tendrán que llamar una ambulancia.
Pero es exactamente el MISMO peso, pero entre más tiempo paso sosteniéndolo, más pesado se va volviendo.
Si cargamos nuestros PESARES, RENCORES u ODIOS todo el tiempo, luego, más temprano o más tarde, ya no seremos capaces de continuar, la carga, se irá volviendo cada vez MAS PESADA y entonces viene la desesperación y la falta de deseos de vivir.

Recuerda que cada uno actúa según un conocimiento, conciencia y entendimiento, esto es lo que hace al ser humano perfecto, lo hace *Ser*. Para dirigirnos en la vida con esa triada en perfecta conexión necesitamos mantener nuestra espiritualidad interna fortalecida en sentimientos de amor, comprensión y tolerancia, lo que te brindará un verdadero bienestar.

Por tales motivos vive y convive en este mundo soltando las expectativas, como forma de brindarte respeto a sí mismo y a los demás. Si vives lleno de expectativas, entonces no podrás mantener un estado estable y calmado en tu mente, ni tampoco lograras integrarte y complementarte con la diversidad del ser humano, ver la hermosura de cada persona, sus valores, apreciar sus experiencias, ni las posibilidades de los otros, en este mundo que es universal y una totalidad.

Por ello, la verdadera magia de vivir sin expectativas es aceptar a cada una de las personas tal y como son, en su diversidad de pensamientos y en su totalidad. Eso forma parte de sus valores, de cada ser.

Vivir sin expectativas consiste en vivir y disfrutar cada uno de los hechos según vayan ocurriendo evitando las angustias, soltando expectativas en plena gratitud apreciando en cada momento lo que los demás hacen por ti, generando un lazo de confianza, para responder de igual forma con ellos desde un punto consciente.

Gratitud, es ver y darle valor a todo aquello, que tenemos, sin tener preocupación alguna por lo que no tenemos. Es ver la vida como un hermoso regalo. Es estar agradecido de vivir, es agradecer por cada cosa que te rodea. Gratitud es totalidad, es posibilidad, es amor y paz.

Vivir mi presente.

Vivir nuestro presente es gozar y reconocer, lo especial de cada instante. Ese gozo y reconocimiento, lo tendrás si integras todos tus *yo* (niño, adolescente y adulto) con todas las experiencias que has vivido, aceptando, aprobando, amando y perdonando cada una de tus partes. A partir de esta premisa comprende que en cada experiencia que viviste, lo hiciste con un conocimiento, conciencia y entendimiento diferente al que tienes ahora porque todo cambia cada segundo, desde nuestras células hasta nuestros pensamientos.

Observo con preocupación como muchas veces elegimos vivir estancados en hechos que ya sucedieron. Siempre que estos pensamientos distractores lleguen a tu mente pregúntate ¿Qué puedes cambiar ahora? Y decide aceptar cómo ocurrieron los hechos y no vivir sumergido en lamentaciones que incrementen la pesadez interior. Cuando vivimos aceptando lo que somos como una totalidad y de infinitas posibilidades, estamos en armonía.

Somos plenamente conscientes y estamos conectados con todo nuestro potencial, existamos sin resistirnos. *"No ofrecer resistencias es la clave de acceso al mayor poder del Universo"*, nos recuerda *Eckhart Tolle*. Accediendo a él, vive y toma las decisiones en el presente con plena lucidez. La insatisfacción permanente nos impide gozar del presente.

Dedícate a vivir el presente haciéndote preguntas positivas que amplíe tu perspectiva. Cada vez que nuestra mente vaya hacia el enojo, la queja o la crítica, frenemos nuestros pensamientos, reflexionando acerca de lo que puedes agradecer de ese pensamiento negativo. Atrévete a ser quien eres, vive lo que sueñas, vive lo que te dice tu intuición; utiliza tu espacio, tu tiempo, talentos y dones, para construir pensamientos positivos y creativos.

Observa cada una de tus emociones con desapego para no dejarte llevar por ellas precipitadamente, recuerda que el pasado puede aparecer de forma repentina en nuestras mentes y en nuestras vidas, y eso puede ser porque aún no nos hemos reconciliado con él. Es posible que vivas apegado a los recuerdos, a lo que fue y ya no es, a lo que había y ya no está. Al estar atrapado en esos recuerdos, no puedes apreciar el ahora. Y si vivimos en el futuro, este nos llenará de angustias, lo cual nos desgasta enérgicamente nuestra mente.

Abraza la vida e intégrala en el presente. Vive la vida en el hoy como si fuera nuestro último día y así, serás consciente que el tiempo es limitado. Por eso es importante no perder el tiempo viviendo en función de la vida del otro, de sus expectativas, de sus imposiciones o sus opiniones.

No te quedes atrapado en supuestos. No permitas que las opiniones de otras personas o sus miedos ahoguen tu propia voz interior. Tengamos la valentía de escuchar y de seguir nuestra intuición. A continuación, te voy a proponer este ejercicio para revisar cuales son las cosas que no te dejan vivir el aquí y el ahora y que te hacen ser infeliz.

Este ejercicio te permitirá darte cuenta como las limitaciones son solo pensamientos, y por lo tanto se pueden modificar: busca papel y lápiz, ubícate en un lugar cómodo, según tu concepción de comodidad y toma conciencia de tu historia, sabiendo que eres el constructor de tu historia. En el proceso de tomar consciencia, observa los pensamientos y emociones que no te dejan vivir el aquí y el ahora bajo un clima de infelicidad, e identifícalas en tu mente. Una vez identificadas, escríbelas en tu libreta de anotación sin pensarlas mucho, solo anota aquello que viene a tu mente inmediata o lo que sería tu respuesta ante situaciones.

Al terminar tu lista toma unos minutos y lee cada frase escrita, revisa cuales son los pensamientos negativos que te generan limitaciones, identifica los pensamientos llenos de drama y ego; cuántos de ellos están conectados a sucesos pasados y también aquellos conectados a tu futuro.

Recuerda que los pensamientos de pasado te conectan a aquello ya sucedido que no puedes cambiar, y los pensamientos futuristas están atados a la incertidumbre pues no han llegado.

Ambos suponen un gasto de energía positiva valiosa para el presente. Por tal motivo es transcendental que identifiques los pensamientos que te ponen en situaciones mentales donde te sientas sin entusiasmo, depresivo, resignado o desmotivado, pues al identificarlos podrás desarrollar la habilidad de traer tu mente siempre al presente.

Por ello una vez que finalices el ejercicio de identificar esos pensamientos limitativos, date la oportunidad de evaluar tus pensamientos, y modifica esos pensamientos negativos por unos positivos. Para esa transformación de tus limitaciones, te puedes ayudar con el punto de las afirmaciones que te señalé en el capítulo anterior. Utiliza toda tu mente y tu creatividad.

Se que este ejercicio te ayudará a entrar en tu poder consciente, y a la vez podrá ayudar a que vivas tu momento presente. Presente que muchos anhelamos vivir pero la mayoría de las veces desconocemos como hacerlo, y ese desconocimiento puede deberse a que nos de miedo vivir emociones intensas positivamente que en algún momento las hayamos vivido y posteriormente nos hayan traído malos recuerdos.

Sentarse a esperar que nuestra vida se transforme por acto de magia es un desgaste mental, pues esperar es un estado mental el cual refleja que queremos y anhelamos el futuro, y no el presente.

Que no queremos lo que tenemos, pero si queremos lo que no se tiene.

Rechazamos lo que se ha creado, y se desea lo que aún no se alcanza, llenándonos de conflictos internos entre el presente, el pasado y el futuro que se ha imaginado. Por causa de ello dejamos de vivir en gratitud, y esto es darle la espalda a nuestra prosperidad, olvidamos que desde niños nos permitíamos ser y disfrutábamos el hacer. Si tu estas en el presente, no tendrás necesidad de esperar por nada. Conéctate con ese poder interior, que nos manifiesta la más maravillosa realidad que seamos capaces de imaginar.

Conviértete en un observador silencioso de ti mismo, sin emitir juicio alguno dejemos de incluir historias fantásticas a nuestras vidas que no existen, aceptándote tal como eres permítete aprender a aceptar la posibilidad que lo que nos sucede es necesario para que podamos conocernos. Vive el aquí y el ahora. Esto es una elección.

Engrandecer la conciencia como una nueva forma de vida.

¿Cómo engrandecemos nuestra conciencia?

Simplemente siendo más libre dentro de nosotros mismos. El ser humano se está transformando, está cambiando tanto física como espiritualmente, en sus pensamientos y sentimientos.

Esto quiere decir que estamos en una época donde es necesario estar libre, para poder entrar en una conciencia universal basada en la creencia que el amor siempre fluye sin esfuerzo entre todas las personas, independientemente de las apariencias y roles externos.

Somos amor y somos uno. Cuando dejamos de lado el miedo de los sentimientos y permitimos que la energía fluya dentro y fuera del corazón, nos daremos cuenta que no es el amor que duele. El amor incondicional es nuestro estado natural, lo que está "sufriendo" son las protecciones y condiciones que construimos alrededor de ella. Engrandecer la conciencia, significa también pensar y tener la firme convicción que somos parte del Universo y que este es una totalidad, motivo por el cual cada una de nuestras partes (cuerpo, mente y espíritu) se encuentran interconectadas, y la totalidad de ellas suman más que sus partes, conllevándonos a percibir la esencia interna y no la forma física externa de todo lo que existe, para comprender que somos inseparables.

Engrandecer nuestra conciencia, significa también, escuchar la voz interna llamada intuición, desaprender lo aprendido. Trascender de lo individual al concepto de sociedad, del humanismo individual al humanismo colectivo, lo cual es lo que en definitiva permite la trascendencia como seres individuales.

En otras palabras, que la práctica de la conversión individual se traduzca en una constante reforma social. Practiquemos la gratitud y la apreciación, y cualquier cosa en la que estés concentrado crecerá.

Así que, cuando te concentras en todo lo que rodea tu vida, te sientes agradecido por todo y por la maravillosa gente que aprecias, el Universo te concede más por lo cual sentirte agradecido. Por ello, es necesario tomar conciencia de todos nuestros pensamientos y sentimientos, pues es fácil caer en los patrones negativos de quejarse y sentirse como una víctima de la sociedad y de la vida.

Cuando te encuentres en la zona negativa, no te sientas mal por ello y empújate. Simplemente elige cambiar esa conciencia negativa, a una llena de gratitud y pensamientos positivos.

Otras de las formas de engrandecer la conciencia, consiste en tratar tu cuerpo como si este fuera un templo o un altar, ya que éste es el único medio que se te ha dado para este viaje llamado vida. Cuanto más lo cuides, tomando una dieta saludable y equilibrada, además de una rutina regular de ejercicio y dándole el descanso que se merece, más experimentarás el incremento de energía, vitalidad, alegría y libertad.

Es necesario también que nos perdonemos a nosotros mismos y a los demás, ya que la vida es muy corta como para que haya remordimientos, rencores, malentendidos o estar decepcionado con alguien.

Libérate de eso, perdonando y dejando ir cualquier energía negativa a la que te estés aferrando, sea bien por ti mismo o por los demás. El proceso de perdonarte a ti y a los demás, te llevará a sentirte ligero y libre, incrementará tu vibración.

Eso se nos facilita cuando somos capaces de ver cada experiencia de nuestras vidas como un regalo; si miras atrás, los sucesos de tu vida, fácilmente verás cómo incluso las peores situaciones que experimentaste en tu vida acabaron enseñándote lecciones de incalculable valor y por lo tanto poniéndote en el lugar perfecto para tu continuo desarrollo.

Cuando observas cada experiencia buena, mala o fea, como un hermoso regalo, la vida fluye más dulce, suave, como una brisa inspiradora. Así sucede cuando eliminamos los juicios, ya que juzgamos a los demás, para sentirnos menos culpables sobre nuestras propias oportunidades de mejora. La energía de la crítica es densa, oscura y pesada.

Por otra parte, la aceptación incondicional es ligera, libre y aceptable ya que deja ir todo juicio al criticarte a ti mismo y a los demás. Cada persona está en un camino diferente y algunos parecen que van más adelantados que otros en ese camino. Ningún camino es mejor o peor que otro.

Engrandece tu conciencia a la aceptación, esta te

llenara de plenitud. Esta sensación de plenitud es incrementada, dando sentido a nuestro Dios y al Universo cuando desde nuestro ser, en lo más profundo de nuestro corazón sentimos lo que somos, lo que nos permite ser como conciencia, y como forma, es la sustancia dadora que nos enaltece a lo más alto, al propósito de todo lo que somos, lo real, lo duradero, lo eterno.

La sensación de plenitud y gozo culmina cuando estamos en sintonía con toda la creación desde este estado de plenitud, y en esa plenitud nos comunicamos con la realidad, lo que somos, lo que permite toda la existencia, ese es el poder del reconocimiento, el milagro de nuestra vida que es y con conciencia, conciencia renovada, limpia y sin impedimentos, creceremos hacia lo más alto, con rumbo a lo que somos cada uno de nosotros a nuestras verdades, sin necesidad de cederle nuestro poder a otros.

Me relajo y tranquilamente disfruto de la presencia de Dios, porque siento que su amor es universal y está disponible para mí, en cualquiera de sus formas, sin importar la imagen que otras personas tenga de él.

Mi Autobiografía

Soy un ser humano maravilloso lleno de oportunidades que permiten transformar mi vida constantemente.

Nací siendo, el tercer hijo del matrimonio de mis padres, nací en un parto rápido a las 2 y 30 de la mañana, ella fue a dar a luz al hospital con mi padrino porque mi padre estaba trabajando. Realmente creo que estaba apurado por ver la luz. Todo fue normal como cualquier parto, sin complicación en mi nacimiento. Fue un embarazo controlado y un hijo deseado.

Todo en mi vida transcurría normalmente hasta la edad de cuatro meses que enfermé con vómitos y diarreas, tuve que ser llevado a una clínica privada bajo resistencia de mis padres por los gastos económicos que representaban ya que éramos una familia sumamente humilde.

Quien apoyo en ese entonces la decisión fue alguien muy cercano quien apoyó con los gastos. Sobre esa situación, me relataba mi mama y mi abuela que las posibilidades de vivir eran escasas porque mi estado de salud estaba muy deteriorado, presentaba un problema estomacal derivado de una reacción negativa a un alimento. Sin embargo, decidieron seguir atendiéndome, y la única garantía que me daban de vida era que tenían que esperar a que pasaran las primeras 72 horas cumpliendo el tratamiento médico.

Gracias a la vida todo fue un relativo susto pues las 72 horas pronosticadas por el equipo médico redujeron a 24, y mi recuperación fue rápida hasta el diagnostico al amanecer cuando los médicos no reconocían mi buena salud.

Esa fue la etapa más significativa de mi nacimiento y la única. Entre los recuerdos de mi niñez que vienen a la memoria esta mis estudios en kínder, para esa etapa era aficionado a los chupones.

Desearía poder recordar lo divertido que era usarlos como cualquier niño; pero mi padre, un hombre regio de carácter y muy riguroso no le era de agrado verme con él en la boca. El recuerdo más memorable y poco amoroso era como mi papa me bofeteaba por usarlo; pensaría que de ese modo yo olvidaría usarlo bajo la sugestión del miedo y autoridad.

No faltaban los comentarios despectivos y poco alentadores a una negociación sino a una orden. Parte de ese comportamiento hacia mí se debía también a que dormía desde pequeño con mi abuela en una hamaca en su regazo; era ella la que me complacía en mi gusto por los chupones y mantenía para mí muchos, en caso que los extraviara o mi padre lo desechara.

Ella en su amorosa forma de amarme, escondía los chupones entre mi ropa al partir al kínder o lo usaba para la hora de dormir en las noches que él no se diera cuenta de nada. Y esto ocasionaba muchas peleas entre ellos, además del desmedido amor que ella me profesaba.

A pesar de esas acciones tan plenas de amor a la par se desarrollaba un terror hacia mi padre ya que por causa de ello me maltrataba físicamente y emocional, sus actos de violencia no tenían limites hacia mi siendo su hijo.

Iniciar la primaria fue una bonita etapa, el estímulo y los buenos consejos de mi abuela desde muy niño se arraigaron en mí y se convirtieron en mis principios de buen hacer, mis calificaciones fueron siempre muy buenas, pero las relaciones y amistades no. Seguía siendo un niño de muy escasos recursos y era el que no tenía uniformes nuevos para iniciar cada año escolar pues éramos muchos hermanos y solo mi padre trabajaba para sostener el hogar.

Fui víctima de burla en el salón por mi condición económica, apenas tenía un cuaderno y lápiz que me regalaba mi abuela con sus ahorros, los niños me evitaban porque me veía diferente a ellos, entonces solo jugaban con los niños con los que se identificaban y eso era causa de mucha tristeza para mí. Así transcurrieron mis 3 primeros años de escuela.

Desde muy pequeño la vida me preparaba para crecer, pues crecía además en un hogar tormentoso, bajo mi entendimiento podía ver las primeras imágenes de como mi padre maltrataba a mi madre física y psicológicamente cada vez que llegaba borracho, o porque mi mama le reclamaba por alguna infidelidad descubierta.

Crecimos viendo esas escenas, había casos que los niveles de violencia eran tan altos que ella optaba por irse de la casa dejándonos con mi abuela y con él, ella no sabía que eso lo llenaba de más ira y la descargaba con nosotros con golpes como medida para que ella se viera obligada a regresar a la casa.

Eso para mí era una desgracia, presenciar los pleitos entre ellos, a mi corta edad era tanto el temor que en mi desbordaba esa situación, que salía corriendo para que mi abuela, y le pedía que prendiera una vela y rezábamos arrodillados en el cuarto llorando de los nervios y el temor. Así transcurrió parte de mi infancia, emergido en una violencia domestica de altos niveles.

También hay otra parte de mi infancia muy feliz y era cuando me permitían jugar con mis amigos, yo era el animador del grupo o daba las órdenes, desde pequeño sabía que quería ser de adulto muy inconscientemente pues me divertía liderar los juegos y compartir con mis vecinos y amigos. Estos "permisos" no eran continuos pues sufría de asma y afecciones respiratorias.

En cuanto a mi pubertad, a la edad de 10 años tuve que salir a trabajar, ya mi abuela se había mudado porque mi padre la tenía cansada de tanto maltrato hacia mi mama y hacia nosotros sus nietos, ella era la que siempre me había ayudado, y siempre lo hizo hasta que debió mudarse.

La mudanza de mi abuela me dolió muchísimo pues sentí que había quedado desamparado a pesar de que mi mama vivía con nosotros, y cuando mi papa nos golpeaba, ella no se podía meter a defendernos y si lo hacía también la golpeaba a ella de una forma muy brutal.

Muchas veces le preguntaba a mi mamá porque le aguantaba tanto a mi papá, y ella me decía que para donde se iría si nosotros éramos siete y ella no trabajaba.

En esa etapa de mis 10 años, cuando salí a trabajar, por un momento me sentía contento pues ya estaba menos tiempo dentro de la casa observando esas escenas entre mis padres además que el restante tiempo iba a la escuela. Mi primer empleo fue de empacador en un supermercado muy famoso de la ciudad donde vivía en Maracaibo, y cuando no trabajaba ahí vendía flores en las avenidas y calles que una señora me encargaba con mucho aprecio.

Si no tenía ingresos suficientes en esos empleos, limpiaba los patios de los clientes del supermercado y a cambio recibía comida y buen pago. Pero trabajar en el supermercado me obligo a soportar muchas situaciones de los adultos y adolescentes que en el mercado trabajaban.

Para ese entonces me sentía en una selva de concreto, también sufría de maltrato, pienso que creían que por estar trabajando allí no tendríamos a quien preocuparles y por ello recibíamos muchos malos tratos.

Los gerentes de tienda se aprovechaban de los empacadores más pequeños y nos pedían hacer trabajos fuertes en la tienda a cambio de permitirnos permanecer allí y ganar dinero.

Muchas veces si me negaba a hacer lo que el gerente pedía, me sacaban del mercado, y yo para no devolverme a mi casa sin dinero en las manos, para que no me fueran a maltratar me quedaba en el estacionamiento del centro comercial cuidando carros para poder completar la cuota diaria que aportaba para los gastos en mi casa.

En esas situaciones pude elegir muchas opciones como irme de mi casa, pero para mí lo más importante era estudiar, ya que siempre soñé con ser alguien. Era un reto además para demostrar a mi padre, pues siempre me decía que yo no servía para nada, que de todos sus hijos yo era el más feo y todo lo que tocaba lo acababa, que no llegaría a nada, que no me gustaba hacer nada, me comparaba en tono burlón con el coyote del comic *"el correcaminos"*, según él nada me salía bien.

Siempre buscaba una excusa para descalificarme sin importar quien estuviera ni donde estuviera, era tanto su ensañamiento conmigo, que yo muchas veces le preguntaba a mi mama y a mi abuela paterna si él era mi papa, pero ellas siempre me decían que sí.

Aparte de esas descalificaciones de su parte, también fui víctima de mis compañeros de la escuela porque siempre me veían como extraño, y casi nadie quería jugar conmigo, además que trabajaba en el supermercado que sus familias visitaban y cuando me veían en el mercado algunos se reían de mí, y yo para que no me vieran me escondía, pues me llenaba de mucha tristeza.

Mi niñez y crecimiento fue un gran periodo de preparación y aprendizaje, resistir tanto embate de las personas y de mi padre. En ese trabajo dure mucho tiempo, creo que, hasta los 15 años, después me cambie de supermercado para trabajar en un frigorífico empacando hielo y cuando no había trabajado de empacador, me tocaba ocuparme llevando sacos en el hombro.

Algo hermoso que recuerdo de esos sitios que trabajé, fue que conocí a mucha gente que me daba afecto. Luego me toco estudiar carrera universitaria y gracias a mis calificaciones califique para la Universidad del Zulia, una universidad pública de mucho reconocimiento por su calidad académica. Para ese momento mi situación económica seguía siendo la misma y en los primeros semestres me toco trabajar de jardinero y de aseador (mantenimiento), para poderme subsistir.

Llegaba a trabajar a las 4 y 30 de la mañana y el trabajo era muy duro pues debía dejar todo listo para el momento de aperturar oficinas a las 8 am y yo poder irme a estudiar. Luego que deje ese trabajo, me toco desempeñarme, en una tienda de comida rápida que tenía un horario de 6 de la tarde hasta las 12 de la noche de lunes a jueves y los fines de semana de 6 de la tarde hasta la 1 de la mañana.

Vivía agotado pues estudiaba todo el día, y de regreso a casa en los buses muchas veces me quede dormido de pie. Allí labore casi dos años. Después de allí, me retire y tuve otro trabajo que era descargando cajas en el cual no dure mucho tiempo. A la par, mi padre aún seguía con sus descalificaciones sin cesar.

Al poco tiempo mi padre enfermo crónicamente de una diabetes tan agresiva que inmediatamente perdió la vista, con mucho sacrificio nuestro fue operado dos veces y se recuperó, pero luego por una situación, perdió la vista en su totalidad. Verse completamente ciego empeoro su carácter, y mi madre a pesar de eso, permanecía a su lado, yo realmente dude si ella lo amaba, lo cierto fue que estuvo con el durante toda su enfermedad hasta su muerte.

Durante la etapa de enfermedad de mi papá, mis tres hermanas menores, mi madre y yo pasamos una etapa de crisis que hasta hambre tuvimos que aguantar, porque todos los recursos que podíamos obtener se nos invertían en los medicamentos que mi padre necesitaba, y el sostén de la casa para ese entonces era yo.

Mi madre quien se quedaba todo el día en el hospital con mi padre por su ceguera, en ver que solo comíamos una sola vez al día, decidió buscar trabajo viviendo también un ambiente de mala paga y explotación laboral.

Así padecimos por varios años, bajo una situación precaria y limitada para procurar que mis hermanos al menos terminaran el bachillerato, de todo esto lo peor era pasar el día sin comer.

Después de superar la muerte de mi padre, se sucede luego la enfermedad de mi abuela a quien atendía junto con mis tías. Su partida fue sumamente dolorosa, era la persona que vigilaba de mí, que me ofrecía palabras de aliento y soporte para seguir adelante.

Cuando ella partió de este mundo pensé que mi mundo se había desvanecido; no fue lo mismo que sentí cuando se murió mi padre, ella ocupo y seguirá ocupando un lugar muy especial en mi vida y hasta el final de mis dias. En esos días posteriores a la muerte de mi abuela conocí a la madre de mi hijo Ángel David mi hijo mayor, llenando mi vida de mucha alegría y amor. Al poco tiempo de su nacimiento la vida me vuelve a tocar la puerta para traer una nueva separación, en este caso de pareja.

Después de esa separación, decidí quedarme solo sin ninguna relación y asumir la decisión de la crianza de mi hijo yo solo, pues tuve la dicha que ambos vivíamos juntos y éramos el uno para el otro. Pero en el fondo tenía mucha tristeza, rabia, rencor, ira; estaba muy molesto con la vida y siempre me preguntaba porque esto me sucedía.

Ya estaba cansado de ser el burro de carga de mis hermanos, de mi madre y de todas las personas porque yo era incondicional para ellos, pero no era así cuando yo los necesitaba. Me repetía una y otra vez que había nacido estrellado pues al parecer nada me salía bien. Entonces, una vez hablando con alguien me dijo: Siempre dices que naciste estrellado, pero realmente tú tienes una estrella en tu interior, y eso encendió la luz en mi vida. Agradecido de esas palabras, comencé a buscar información y estudiar para encontrarme conmigo mismo, pues ya había obtenido varios títulos académicos y tenía mi hijo pero aun así, seguía sintiéndome solo y abandonado.

Esta búsqueda me permitió relacionarme con varios libros de psicología, y después de PNL (Programación Neuro Lingüística) y comencé a entender mi proceso; el porqué de las cosas, todas estas interrogantes me dieron mayor motivación para hallar respuestas, entre ellas conectarme con mis sueños.

En pleno proceso de poder interpretar mis sueños, fui a un curso sobre el perdón, allí fue cuando pude abrir mi vida a una transformación inigualable, iniciaba un maravilloso camino hacia mi encuentro y la vida me ponía de frente un hermoso libro: *Louise Hay, Usted puede sanar su vida.*

Esa información fue una gran bomba caída sobre mí para despertarme, comprendí a través de sus líneas que soy responsable de mi vida. En este proceso de transformación me libere de muchas enfermedades como la migraña, claro comprendía ahora que eran enfermedades que no me correspondían y esta enfermedad había sido transferida de mi madre hacia mi persona por lealtad, al igual que inicie la liberación de otras afecciones como la bursitis. También trabaje para liberar del síndrome del túnel carpiano al igual que la gastritis, la cual estaba relacionada con problemas con mi padre.

Durante este proceso, me di el permiso de abrir nuevamente las puertas al amor, y fue cuando conocí a mi esposa con quien hoy en día tengo una familia maravillosa y dos niños: Naomi y Luciano, quienes son mi pilar fundamental, así como también la familia maravillosa de mi hijo mayor, con quienes compartimos muchas veces como si fuéramos una sola.

Hoy día, en este proceso de mi despertar estoy haciendo lo que me gusta place y satisface, rodeado de gente excepcional, a quien estimo por ser seres especiales llenos de amor. En estos momentos estoy cumpliendo mi sueño, lo que me hace sentir un ser humano que vive en abundancia, con todas las posibilidades de este universo para mí...

Papá, sé que actuaste con un conocimiento, conciencia y conocimiento para ese entonces; ¡tú siempre serás el grande y yo el pequeño, gracias por ser mi maestro!

¿Qué significado tiene el Despertar de tu Consciencia?

DESPERTAR DE TU CONSCIENCIA, no depende del despertar de otros, depende de ti.

DESPERTAR DE TU CONSCIENCIA, no es sentirte culpable por tu despertar, es sentirte responsable por creerte capaz de asumir tus retos.

DESPERTAR DE TU CONSCIENCIA, no está en buscar tus verdades en los otros, es buscarla dentro de ti.

DESPERTAR DE TU CONSCIENCIA, no está en temer a ese despertar, está en estar convencido que el miedo simplemente es una ilusión, que forma parte de nuestros pensamientos y estos se pueden modificar.

DESPERTAR DE TU CONSCIENCIA, no es pensar en oscuridad, es saber que detrás de cada oscuridad siempre hay un amanecer.

DESPERTAR DE TU CONSCIENCIA, no es creer en la miseria, sino creer en la prosperidad y la abundancia.

DESPERTAR DE TU CONSCIENCIA, no es pensar que Dios siempre nos abandona, sino que hay que estar convencido que Dios está en todas partes contigo y conmigo.

DESPERTAR DE TU CONSCIENCIA, no es pensar en la simplicidad, es pensar en la totalidad y multidimensionalidad.

DESPERTAR DE TU CONSCIENCIA, no es pensar en la prisión de nuestros pensamientos, es pensar que nuestros verdaderos pensamientos nos hacen libres

DESPERTAR DE TU CONSCIENCIA, no es pensar que no podemos elegir, es pensar que la elección es uno de nuestros mayores regalos de la vida.

DESPERTAR DE TU CONSCIENCIA, no es pensar que somos pecadores, sino pensar que el verdadero pecado consiste en la falta de amor hacia uno mismo.

DESPERTAR DE TU CONSCIENCIA, no es perder el equilibrio cuando uno no logra lo que uno quiere, sino que es saber que para lograr lo que queremos tenemos infinitas posibilidades.

DESPERTAR DE TU CONSCIENCIA, no es escuchar la voz del otro cuando quieres hacer algo, es escuchar tu propia voz, la voz de la intuición.

DESPERTAR DE TU CONSCIENCIA, no es buscar tu poder en el exterior, es buscarlo dentro de ti.

DESPERTAR DE TU CONSCIENCIA, no es seguir con los mismos patrones de pensamiento, cargados de creencias negativas, es modificar esos pensamientos negativos por unos positivos realmente.

DESPERTAR DE TU CONSCIENCIA, no es insultar a tu mente cuando tengas pensamientos negativos, es ser tolerante con tu mente y saber que estas en un proceso de transformación.

DESPERTAR DE TU CONSCIENCIA, no es hacer lo que otros quieren, es tomar el control de tu propia vida, y hacer lo que te diga tu intuición.

DESPERTAR DE TU CONSCIENCIA, no es creer que la prueba más difícil es enfrentar a los otros, es enfrentarte contigo mismo.

DESPERTAR DE TU CONSCIENCIA, no es pensar que los enemigos están afuera de ti, el verdadero enemigo lo tienes tú mismo.

DESPERTAR DE TU CONSCIENCIA, es saber que quien ignora la consciencia es uno mismo, y no otros porque ella está dentro de uno mismo.

Yo amo la vida, y la vida me ama a mí; aunque mi mente no lo comprenda, mi alma esta de júbilo. Me conecto con el movimiento de la vida aquí y ahora.

Lenin José Torres

Bibliografía recomendada

– Blanco, Margarita (2013). Sanación emocional del niño interior. Editorial Índigo. 2da Edición. México.

– Brofman, Martin (2000). Todo Se Puede Curar. Editorial Sirio.

– Chopra, Deepak (1995). Las siete leyes espirituales del éxito. Guía práctica para la realización de tus sueños. Editorial Norma. Bogotá, Colombia.

– Diccionario de psicología científica y filosófica.

– Haanel, Charles. La Llave Maestra. 24 lecciones para alcanzar el éxito y la prosperidad. Editorial obelisco.

– Hans Christian Andersen (1837). El traje nuevo del emperador. Dinamarca.

– Jaramillo, Jaime (2007). Te amo, pero soy feliz sin ti. Ediciones Versalles. Colombia.

– LI Luzardo (2009). Enfermedad emocional. Segunda edición. Editorial SIAP, C.A., Venezuela.

– Lipton, Bruce H. La biología de las creencias. La liberación del poder de la conciencia. Editorial Palmyra.

– Louise, Hay (1991). El poder está dentro de ti. Ediciones Urano. Barcelona.

– Louise, Hay (1997). El mundo te está esperando. Ediciones Urano. Barcelona.

– Miguel Ruiz, José Ruiz (2010). El quinto acuerdo. Una guía práctica para la maestría personal. Ediciones Urano. Barcelona.

– Morin, Edgar (2000). Los siete saberes necesarios a la educación del futuro. IESALC/UNESCO.

– OSHO. Conciencia. La Clave para Vivir en Equilibrio.

– OSHO. El libro del ego. Liberarse de la ilusión. Editorial Grijalbo.

– Shakti, Gawain (1995). Visualización creativa. España.

– Stephanie Minas (2003). Todos estamos en shock: Cómo abrumadora Experiencias. Usted y lo que puede hacer al respecto. New Page Books.

– Thorwald Dethelfsen y Rudiger Dahlke (2009). La enfermedad como camino. Un método para el descubrimiento profundo de las enfermedades. Editorial Random House Mondadori Ltda. Bogotá, Colombia.

— Tolle, Eckhart. El poder del ahora. Un camino hacia la realización espiritual. Argentina. Editorial Gaia.

— Un curso de milagros (1999)- Fundación para un curso de milagros.

Paginas web
— Entrevista a la Dra. Candice Pert.

http://liriosnet.blogspot.com/2008/01/entrevista-la-doctora-candace-pert.html

— Jara, Hector (2012). Nuevos hallazgos en pacientes con colon irritable II.

http://neuroinmunologiavenezuela.blogspot.com/search?updated-min=2012-01-01T00:00:00-08:00&updated-max=2013-01-01T00:00:00-08:00&max-results=12

Videos
— ¿Y tú qué sabes?

https://www.youtube.com/watch?v=1k0tDvg7GKk.

— El guerrero pacífico" basada en la vida del atleta -y luego escritor- Dan Millman.

http://www.youtube.com/watch?v=1kw91cVgZVg

— Facundo Cabral. Video no estas deprimido, estas distraído.

https://www.youtube.com/watch?v=MqIuDyzM70g

— Louise L. Hay. Tú puedes sanar tu vida. Editorial: HayHouse Inc.

Made in the
USA
Columbia, SC